Valentin Groebner
Zeitverschluss | Frozen Time

Vienna Public History Lectures

———

Herausgegeben von Marko Demantowsky
in Zusammenarbeit mit der
Historisch-Kulturwissenschaftlichen Fakultät der
Universität Wien

Band | Volume 1

Valentin Groebner

Zeitverschluss | Frozen Time

Das Museum als Panikraum |
Museums as Panic Rooms

DE GRUYTER
OLDENBOURG

ISBN 978-3-11-123357-4
e-ISBN (PDF) 978-3-11-123492-2
e-ISBN (EPUB) 978-3-11-123513-4
ISSN 2940-7222

Library of Congress Control Number: 2023936813

Bibliografische Information der Deutschen Nationalbibliothek
Die Deutsche Nationalbibliothek verzeichnet diese Publikation in der Deutschen Nationalbibliografie;
detaillierte bibliografische Daten sind im Internet über http://dnb.dnb.de abrufbar.

The Deutsche Nationalbibliothek lists this publication in the Deutsche Nationalbibliografie;
detailed bibliographic data are available on the Internet at http://dnb.dnb.de.

© 2023 Walter de Gruyter GmbH, Berlin/Boston
Einbandabbildung | Cover image: [M] Britta Zwarg [Font] Glass Antiqua by Denis Masharov
Satz | Typesetting: bsix information exchange GmbH, Braunschweig
Druck und Bindung | Printing and binding: CPI books GmbH, Leck

www.degruyter.com

Über die Reihe

Ein paar wenige Worte zu dieser Veranstaltungsreihe der „Vienna Public History Lectures", die dieser mit dem vorliegenden Band beginnenden Schriftenreihe ihren Namen gibt.

Die Historisch-kulturwissenschaftliche Fakultät der Universität Wien und ihr Arbeitsbereich für ‚Public History' laden nur einmal im Jahr, und zwar im sonst oft „traurigen Monat November", in den Großen Festsaal der Universität ein. Es sollen hier gern jedes Jahr ein paar Lichter in der heraufziehenden Dunkelheit des Wintersemesters angesteckt, akademisch ungewohnte und dennoch intellektuelle Töne zu Gehör gebracht werden. Weniger soll es hier wissenschaftlich diszipliniert und schubladitionär wohlgeordnet zugehen. Tür und Tor geöffnet der geistigen Grenzgängerey! Vielleicht blitzt hier wieder etwas von der guten und hoffentlich lebendigen Idee Europas auf: uneingeschränkte Freizügigkeit für Arbeitnehmerinnen und Arbeitnehmer des Denkens und pauschale Legalisierung aller sonstigen Konterbande akademischer Reputation, freundliche Bewillkommnung des Fremden zur Bereicherung des Alltäglichen und Vertrauten.

Thematisch richtet sich diese Offenheit auf das, was ‚Public History' genannt wird, den, einfach umschrieben, öffentlichen Umgang mit Geschichte. Dieser öffentliche Umgang mit Geschichte hat selbst eine Geschichte und erzeugt selbst immer wieder Geschichten, die sich wirksam machen und deren Herkunft in aller Regel ebenso unerkannt wie unbedacht bleibt. Die „Vienna Public History Lectures", die sich bewusst an eine interessierte Öffentlichkeit wenden, keineswegs nur streng akademisch sind, bemühen sich darum, Persönlichkeiten zur Sprache zu bringen, die durch ihre Schriften immer wieder bewiesen haben, wie alltäglich, wie bedeutsam und meist unsichtbar diese Geschichtsgeschichten in unser aller Leben bleiben. Eingeladen werden Grenzgängerinnen und Grenzgänger zwischen Forschung und Poesie, Wissenschaft und Literatur, zwischen freiem Beruf und akademischem Amt. Diese Reihe nimmt sich vor, die disziplinären Grenzen der historisch-kulturwissenschaftlichen Fächergruppe nach innen und außen zu überwinden. Sie ist eine Einladung ins gemeinsame öffentliche Gespräch und Nachdenken aller Interessierten.

Marko Demantowsky, Wien, Februar 2022

https://doi.org/10.1515/9783111234922-001

Inhaltsverzeichnis

Alles futsch? Zur Einleitung

Bisher lebten und leben 108 Milliarden Menschen auf der Erde, so halbwegs verlässliche Schätzungen; ca. 7 Prozent dieser Anzahl leben gegenwärtig auf unserer Erdkugel, jedenfalls noch.[1] Jeder dieser Menschen war ein Individuum, ein Wesen eigenen Rechts, eigener Phantasien, Hoffnungen, Erfahrungsräume und Erwartungshorizonte. Jeder war eingebunden in die individuellen Vorstellungs- und Gefühlswelten anderer Menschen. Jeder einzelne Mensch war und ist ein Kosmos in sich und in seiner sozialen Welt.

Von wie vielen dieser gut 108 Milliarden Menschen – schade, dass wir es nicht genauer wissen – haben wir aber Kunde? Wie viele Namen kennen wir noch, oder gar: Wie viele Lebensläufe kennen wir, können wir kennen? Wie viel ist übrig geblieben von diesen Wunderwesen? Sie wissen es: nur von verschwindend wenigen, einem wahrlich mikroskopischen Permyriad-Satz (und sehr oft sicher nicht von denjenigen, die unser Angedenken besonders verdient hätten, den unendlich vielen stillen Heldinnen und Helden des Alltags). Was ist mit diesen verschwundenen Leben und diesen Lebensleistungen, ohne die niemand von uns heute und hier gesättigt, angemessen gekleidet und einigermaßen ausgeruht sitzen könnte? Sobald der letzte Mensch dahingegangen ist, der uns noch persönlich oder mindestens aus einer zweiten liebevollen Hand kannte – ‚floating gap‘ nannte das Jan Vansina[2] – sind wir noch Fotodateien, Textdateien, Sammlungsstücke, amtliche Einträge – bis diese Fotos, Texte, Sammlungsstücke beiseite geräumt werden, weil Platz und Aufmerksamkeit geschaffen werden muss für Aktuelleres, Wichtigeres. Vor dem Fenster des Hauses kann sich jeder schon seinen Entsorgungscontainer vorstellen.

Auch nur von sehr wenigen der geneigten Leserinnen und Leser, wie ich Ihnen leider mitteilen muss, wird in späteren Zeiten noch Kunde sein. Entgegen weit verbreiteten Annahmen verfallen sogar zu ihrer Zeit durchaus bekannte Professorinnen oder Journalisten, Dichterinnen oder bildende Künstler und ihre Werke dem Vergessen, auch wenn Schriften oder andere Produkte in den Tiefen von Bibliotheken und Archiven und Museen noch vorhanden sein mögen. Sie werden zum Objekt historischer Detailforschung, insofern denn in einigen hundert Jahren überhaupt noch geforscht wird auf der Erde.

---

1 Jan Osterkamp, Wie viele Menschen haben bisher insgesamt auf der Erde gelebt? in: Spektrum. de, 10 March 2014. https://www.spektrum.de/frage/wieviele-menschen-lebten-auf-der-erde/1253576 (zuletzt am 5. März 2023).

2 Jan Vansina, Oral tradition as history (Madison, Wis: University of Wisconsin Press, 1985), 23–24 et ibid.

https://doi.org/10.1515/9783111234922-003

Die Lage erscheint für Kulturwissenschaftlerinnen und Historiker und für die Expertinnen in den kulturellen Gedächtnisinstitutionen besonders vertrackt, sind Sie doch die Sachwalter des kollektiven Erinnerns, die Torwächterinnen des Speichers und des Speicherabrufes, die Beobachter des ewigen Vergehens, des Filterns, Aus- und Umsortierens.

Es erscheint also etwas trostlos, das Futsch!, um das sich der nachfolgende Text dreht; es erscheint als ein Fluch der doch intelligenz- und phantasiebegabten menschlichen Existenz.

Das sind selbstverständlich keine neuen Einsichten, auch wenn man immer weniger darüber zu sprechen scheint, wenn es konkret wird: über das Sterben, den Tod, das Vergessen und Verschwinden, das Sinnlose und Eitle. Die Menschen haben sich in den vergangenen Jahren inflationär mit immer leistungsfähigeren Speichermedien umgeben, in einen Kokon der Aufbewahrung eingehäkelt. Alles wird aufgezeichnet, geknipst, alles wird bekannt gemacht, vielen scheint sehr Vieles wichtig. Wir leiden eher an einem Überangebot an Aufzeichnung und einem Mangel an Flüchtigkeit, so eine mögliche Wahrnehmung.

Die Religionen der Welt haben unterschiedliche Antworten auf das Problem des Verschwindens gegeben, wie wir allerdings nur für die Dauer einer relativ kurzen Zeitspanne kulturell dichter Überlieferung wissen; kurz erscheinen diese wenigen Tausend Jahre im Verhältnis zur Dauer der menschlichen Entwicklung insgesamt. Selbst von diesen vielen menschlichen Antworten auf das Verschwinden sind also sehr, sehr viele verschwunden. Die Antworten der Religionen bestanden in der Konstruktion von Horizonten der Ewigkeit, der nicht-verschwindenden Dauerhaftigkeit. Die Einbettung in einen göttlichen Heilsplan wirkte und wirkt auf die immer gefährdeten Wesen angesichts des Absolutismus' der Wirklichkeit (Hans Blumenberg)[3] sinnstiftend und tröstlich.

Im Kulturraum des Dharma mit seiner Grundvorstellung des Samsara konnte man das Verschwinden und zum Verschwindenbringen selber als Element göttlicher Weltordnung begreifen, nicht nur als bedauerliche Unumgänglichkeit. In den Inkarnationen Shivas war es anbetungswürdig und in dem großen Fest des Maha-Shiva-Ratri wird es alljährlich von vielen Millionen Menschen gefeiert. In der chinesischen Kultur findet eine ähnliche Vorstellung in der Figur der Meng Po ihre Darstellung, ihren Ritus und ihre Anbetung: der Göttin des Vergessens.[4]

----

3 Hans Blumenberg, Arbeit am Mythos (Frankfurt am Main: Suhrkamp 1996).
4 Marko Demantowsky, The Dark Side of the Moon. Cultural Oblivion, in: Public History Weekly 4 (2022), https://doi.org/10.1515/phw-2022-19775.

Und wir? Ein großer Teil der Menschen in Europa[5] lebt heute ohne die Idee eines göttlichen Heilsplans, man darf das auch bei vielen unterstellen, die noch formal Mitglied einer christlichen Kirche sind – sind wir deshalb einer Sinnlosigkeit von Mühewaltung und Verschwinden preisgegeben? Wir haben immerhin einige Philosophen, die sich der großen Fragen der Orientierung in der Welt noch nicht begeben haben. So wie denjenigen namens Hans-Georg Gadamer, der uns viel über Wirkungsgeschichte, wie er es nannte, lehren konnte.[6] ‚Wirkungsgeschichte‘ ist einerseits, wie viele wissen werden, buchstäblich die Erzählung darüber, wie sich etwas, manchmal scheinbar Unwichtiges, manchmal in seiner Wichtigkeitszuschreibung Schwankendes über die Zeit doch wirksam machen konnte. Und zugleich ist es aber auch dieses Wirksamwerden selbst. Denn diese Erzählung braucht ein Substrat, einen Gegenstand der Erzählung. Die Erzählung und ihr Gegenstand kommen im Falle von Weltwirkung in ein besonderes, ein fluides Verhältnis.

Mir geht es hier um das, was wir täglich versuchen, an Sinnvollem zu tun. Dem keine Wirksamkeit zu unterstellen, die über die alltägliche Situation hinausginge, müsste uns unendlich belasten. Das Schicksal des Sisyphos ist eher Menetekel als Trost. Nun, mit Gadamer ließe sich sagen, die Wirksamkeit unseres Handelns ist immerhin unsicher, es gibt die Chance der Relevanz, es ist auch eine Frage des Glücks wie auch einer ermöglichenden Geschicklichkeit. Unser Handeln unter 100 Milliarden mitlebenden oder gelebt habenden Mitmenschen mag uns klein und nichtig erscheinen, aber insofern es sinnvoll ist oder sich als sinnvoll herausstellt, kann es doch zu einer künstlichen Ewigkeit beitragen, die wir Kultur nennen. Diese Idee löst sich ab von Namen und Daten und rückt die Qualität alltäglichen situativen Handelns in den Mittelpunkt. Das erscheint mir eine vernünftige Idee zu sein, um das sonstige allgegenwärtige Verschwinden zu ertragen, das Expertinnen und Experten des Speicherns gegenüber Objekten historischer Berufspraxis nur filtern könnten, aber nicht aufhalten. Es gibt hier eine Chance zur sinnstiftenden Autonomie auch unter Milliarden Schicksalen.

Friedrich Schiller hat das in der euphorischen Stimmung des Jenaer Frühlings und seiner Zeitungen im Mai 1789 auch schon beschrieben oder besser: proklamiert, wenn auch unter deutlich optimistischeren Auspizien für das Individuum, als ich es vermag. Der euphorische Überschwang der armausbreitenden Fortschrittschancen-Beschwörung legte sich in den kommenden Jahren angesichts der

---

5 Bundeszentrale für politische Bildung, Religionszugehörigkeit, in: bpb.de, 22. Februar 2019, https://www.bpb.de/kurz-knapp/zahlen-und-fakten/europa/70539/religionszugehoerigkeit/ (zuletzt am 5. März 2023).

6 Hans-Georg Gadamer, Hermeneutik: Grundzüge einer philosophischen Hermeneutik (Tübingen: J. C. B. Mohr, P. Siebeck, 1990), 305–312.

Weltläufte zusehends, aber die Idee hatte doch grundsätzlich Bestand, wie mir auch im Anschluss an Gadamer scheint:

> „Und welcher unter Ihnen, bei dem sich ein heller Geist mit einem empfindenden Herzen gattet, könnte dieser hohen Verpflichtung eingedenk sein, ohne daß sich ein stiller Wunsch in ihm regte, an das *kommende* Geschlecht die Schuld zu entrichten, die er dem vergangenen nicht mehr abtragen kann? Ein edles Verlangen muß in uns entglühen, zu dem reichen Vermächtnis von Wahrheit, Sittlichkeit und Freiheit, das wir von der Vorwelt überkamen und reich vermehrt an die Folgewelt wieder abgeben müssen, auch aus unseren Mitteln einen Beitrag zu legen und an dieser unvergänglichen Kette, die durch alle Menschengeschlechter sich windet, unser fliehendes Dasein zu befestigen."[7]

Zum Autor

Der erste Autor unserer Reihe, Valentin Groebner, hat gewiss eine vergleichsweise sehr gute Chance, nicht nur ins kulturelle Gedächtnis einzuwandern, sondern dort auch sehr lange Zeit nicht ausmöbliert zu werden. Es ist schön und zur Reihe passend, dass Valentin Groebner ein Ur-Wiener ist, der 1962 in Wien geboren und in dieser Stadt erwachsen wurde, um dann während seines Studiums in die weite Welt zu ziehen. Seit langen Jahren ist er nun Geschichtsprofessor an der Universität Luzern. Dies ist eine vorläufige Endstation einer langen und glänzenden akademischen Karriere, die ihn nach Bielefeld, nach Florenz, nach Harvard und Paris geführt hatte. Neben seinen zahlreichen wissenschaftlichen Publikationen hat er auch eine Reihe von Essays publiziert: Der kleine Grenzverkehr zwischen Geschichte und Gegenwart interessiert ihn besonders – und wie dabei „die Öffentlichkeit" auf unterschiedliche Weise hineinspielt.

Ich möchte meinen schuldigen Dank für die Unterstützung der Veranstaltung abstatten:
- an den Deutschlandfunk Kultur
- an den De Gruyter Wissenschaftsverlag
- an die Historisch-kulturwissenschaftliche Fakultät, insonderheit an die Dekanin Christina Lutter und den Fakultätsmanager Herbert Kamleitner
- an die Mitarbeiterinnen am Arbeitsbereich ‚Public History', Barbara Pavlek Löbl, Carina Siegl und Iman Elghonemi.

---

7 Friedrich Schiller, Was heißt und zu welchem Ende studiert man Universalgeschichte? In: Sämtliche Werke in fünf Bänden, Band IV, hrsg. von Herbert G. Göpfert and Peter-André Alt (München: Dt. Taschenbuch-Verlag, 2004), 749–767, hier 766 f.

Der Vortrag, der dieser Publikation zugrunde liegt, ist von *Deutschlandfunk Kultur* aufgezeichnet und gesendet worden.[8] Zusätzlich wurde eine Videoaufnahme veranlasst, die gesamte Veranstaltung kann auf *YouTube* nachverfolgt werden.[9]

Marko Demantowsky

---

8 Futsch – Über Geschichte und Verschwinden, in: Deutschlandfunk Kultur, 20. November 2022. https://www.deutschlandfunkkultur.de/geschichte-und-verschwinden-100.html (zuletzt am 5. März 2023).
9 Valentin Groebner: „Futsch! Über Geschichte und Verschwinden", Vienna Public History Lecture 1, 2022. Vienna Public History Lectures. Wien, Großer Festsaal der Universität Wien, 2. Dezember 2022. https://youtu.be/1GYF_kMsxT4 (zuletzt aufgerufen am 5. März 2023).

Zeitverschluss

Das Museum als Panikraum

Anfahrt

Ich bin mit dem Nachtzug nach Wien gefahren. Er war verspätet, das schafft Zeit zum Nachdenken. Als Professor für Geschichte, ist mir dabei aufgegangen, ist man eine Art Reisezauberer; aber eben einer mit Verspätung.

Denn jeder Zaubertrick, so kann man auf der Website des Zauberkünstlers Alec Porter nachlesen, „ist eigentlich ein Spiel gegen die Zeit." Professionelle Zauberer wie Porter bringen vor den Augen des Publikums Dinge zum Verschwinden – lebende Tiere, ihre Assistentin, den Ring am Finger einer Zuschauerin, ganze Gebäude. Oder sich selber, wie in Christopher Nolans Film „Prestige" von 2006, der nach realen historischen Vorbildern die erbitterte Rivalität zweier Zauberer am Ende des 19. Jahrhunderts inszeniert. „Der verschwundene Mann muss wieder auftauchen, noch bevor das Publikum Beifall klatschen kann", verkündet bei Nolan einer der Experten.[1] Jeder Zaubertrick beruhe auf Ablenkung: Aber weiß man immer, was die Ablenkung ist und was das Zauberkunststück?

Historikerinnen und Historiker sind ebenfalls Illusionisten. Auch wir lassen gerne uns selbst verschwinden, und auch wir spielen ein Spiel gegen die Zeit, nur anders herum: Wir zaubern auf immer Verschwundenes aus der Vergangenheit wieder her, mit Hilfe von alten Texten und neuen Bildern. Machtvolle Imaginatio-

---

1 Danke an Severin Groebner für den Hinweis auf „Prestige" und an Matthias Wittmann für filmwissenschaftliche Expertise. Siehe Katharina Rein, ‚Are you watching closely?' Magie und Medien in Christopher Nolans The Prestige, in: Simone Brühl und Jakob C. Heller (Hg.), Re: Medium. Standortbestimmungen zwischen Medialität und Mediatisierung (Marburg: Tectum, 2012), 145–165.

https://doi.org/10.1515/9783111234922-004

nen jedenfalls, so dass alle Zuschauer hinterher schwören, sie wüssten jetzt ganz genau, wie es damals im alten Rom gewesen sei oder im Mittelalter der Babenberger und Habsburger oder im Florenz der Renaissance.

Um solche Vorstellungen wird es hier im Folgenden gehen, und zwar im Doppelsinn von solchen im eigenen Kopf und denen, die einem von Spezialisten vorgeführt werden, also Aufführungen. Was wird wem gezeigt aus der eigentlichen verschwundenen Vergangenheit, und wo? Dafür werden im Folgenden ein paar Zeitsprünge nötig sein, Schnitte, schnelle Szenenwechsel und Ortstermine in der Vergangenheit. Denn das macht das Zauberkunststück ja aus: ein Gegenstand – und die Aufmerksamkeit der Zuschauer mit ihm – taucht plötzlich ganz woanders auf, als man erwartet hat.

1 Futsch

Die Renaissance ist ohnehin ein schönes Beispiel dafür, dass die Berufspraxen von Historiographie und Zauberei nicht sehr weit voneinander entfernt sind. Bei den Feiern zum 200. Geburtstag des Historikers Jacob Burckhardt 2018 in Basel wurde dessen Schreibtisch als Emblem und Logo seiner bahnbrechenden Bedeutung präsentiert – leergeräumt, also nicht als Arbeitsgerät, sondern als Altar und Reliquie einer verehrungswürdigen Vergangenheit – und als magisches Transportmittel direkt in die Welt des Meisterhistorikers. So lautete jedenfalls das explizite Versprechen der dazugehörigen Installation im Zürcher Landesmuseum: „Selbst am Schreibtisch Jacob Burckhardts sitzen und in seine Bilder- und Gedankenwelt eintauchen.“[2]

Offensichtlich gibt es gerade im 21. Jahrhundert wirkmächtige Dinge, die ihren Betrachtern die Reise zurück in ein historisches Früher versprechen – häufig in Museen. Manchmal sind diese Artefakte aber auch so groß, dass man sie leicht übersieht, weil man sich *in* ihnen befindet – wie im Fall des Hauptgebäudes der Universität Wien, in dem ich den Vortrag gehalten habe, der diesem Text zugrunde liegt. Der wild entschlossene historistische Enthusiasmus der 1870er Jahre hat hier eine ästhetisch homogene Renaissance neu gebaut, die es außerhalb der Schriften von Jacob Burckhardt nie gegeben hat. Beziehungsweise nur als ihr eigenes Remake durch den Architekten Heinrich von Ferstel 1873–1884, also gut 400 Jahre später, im Nachhinein.

---

2 www.jacobburckhardt.ch/desktop-jb-digital, ein Ausstellungsprojekt im Schweizerischen Landesmuseum im Herbst 2018, zuletzt aufgerufen am 2. Januar 2023. Mehr dazu in meinen Essay: Renaissance als Gipfelgefühl. Bemerkungen zum 200. Geburtstag von Jacob Burckhardt, in: traverse. Zeitschrift für Geschichte – revue d'histoire 26/1 (2019), 147–165.

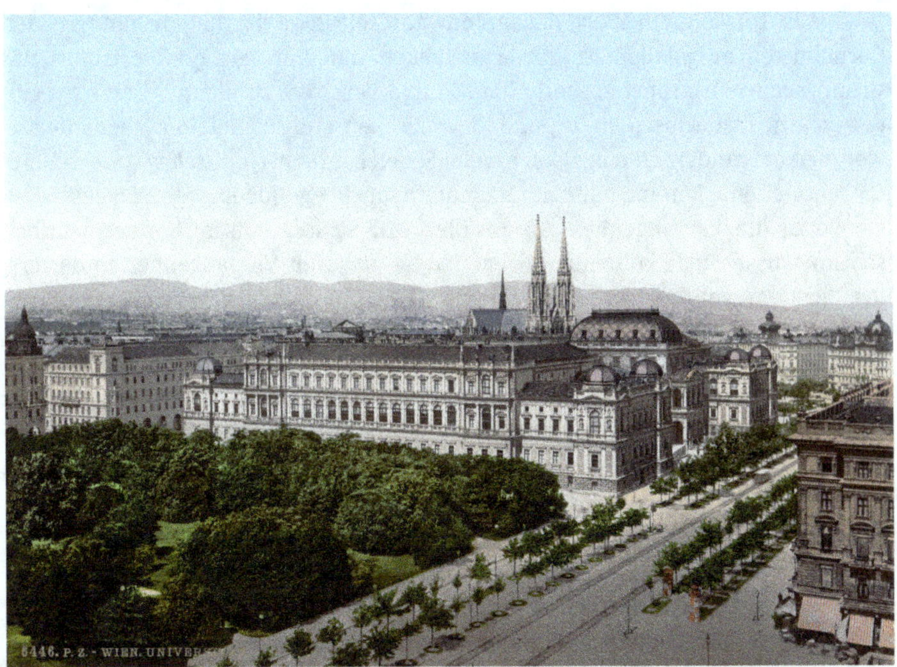

Abb. 1: Wiener Universität zwischen 1890 und 1900. Repositorium: Library of Congress Prints and Photographs Division Washington, D. C. 20540 USA; Reproduktionsnummer: LC-DIG-ppmsc-09214.

In diese besondere Zeitzone, das Nachhinein, möchte ich Sie im Folgenden entführen. Im Nachhinein, das wissen wir alle aus eigener Erfahrung, behält man ewig recht. Man hat nur leider nichts davon. Im Nachhinein wissen wir genau, was wir hätten tun müssen, was wir in einem Konflikt hätten antworten sollen, was die exakt richtige Handlung in dieser schwierigen Situation gewesen wäre – nur ist die Situation eben vorbei. Das macht den Aufenthalt im Nachhinein gleichzeitig so verlockend – man weiß genau, was richtig ist und hat den perfekten Überblick – und so frustrierend: Es ist vorbei, für immer, und lässt sich nicht mehr ändern.

Public History, also der öffentliche und politische Umgang mit Geschichte, ist diesem Paradox extrem eng verbunden. Über Historisches wird dabei in zwei Begriffen verhandelt, die wir in der Alltagssprache gewöhnlich als Synonyme verwenden: Vergangenheit und Geschichte. Sie bezeichnen aber zwei sehr unterschiedliche Formen des Umgangs mit historischem Material. Denn Vergangenheit ist unwiderruflich vorbei – egal ob sie 600, 50 oder drei Jahre zurückliegt, das ferne Jahr 2019 zum Beispiel. Vergangenheit ist radikal weg: ein riesiger Gletscher aus gefrorenen Fakten, der unablässig weiter von uns wegrutscht, ein für immer unzugänglich gewordener Zeitbezirk.

Sie ist futsch – ein Wort, das irgendwann seit Ende des 18. Jahrhunderts den Germanisten aufgefallen ist. „In schnelligkeit hin und verloren", erläutert das Grimm'sche Wörterbuch, „überhaupt hin und verloren, zu nichte." Das Wort gibt es auch im Tschechischen, *fuč*, und Slowakischen und im Holländischen, *foetsi* – weg, verschwunden. Und egal, ob es vom Schweizerdeutsch *futschen* – wegschlüpfen, ausgleiten – kommt, oder von Italienisch *fuggito*, geflohen: weg ist weg.

So ist die Vergangenheit: Sie residiert auf Schloss Futsch. Die vermeintlich selbstbewusste Rede von einer ‚eigenen' oder ‚unserer' Vergangenheit in der ersten Person vermittelt vor allem eine gewisse Hilflosigkeit angesichts dieser unerreichbaren Zone: Vergangenheit kann nicht mehr verändert oder repariert werden, und sie weiß auch nichts von allen späteren Anstrengungen, sie zu kommentieren. Geschichte dagegen ist die Darstellung dieses abwesenden Früher. Geschichte muss erzählt und präsentiert werden, und deswegen hat sie immer sehr lebendige Protagonistinnen und Protagonisten – gerade dann, wenn sie die Geschichte längst verstorbener Personen oder weit zurückliegender Ereignisse ist. Geschichte ist Arbeit, nämlich die von Erzählerinnen und Erzählern, deswegen ist sie so anschmiegsam und zugänglich, zum Anschauen, Einfühlen und Anfassen. Ganz wie die Kunststücke der Zauberer spielt sich Geschichte immer in der Gegenwart ihrer Erzähler und ihres Publikums ab, mit konkreten Gegenständen und vielen farbigen Details, und vor allem mit Rückkopplungsschleifen, in der die Erzähler des Vergangenen und ihr Publikum – also wir – nachträglich ihren Platz finden.

Geschichte ist durch starke Wiedererkennungsmerkmale organisiert. „Du hast mich schon oft gesehen", flüstert sie ihrem Publikum zu, wie zum Beispiel die Neo-Renaissance des Hauptgebäudes der Universität Wien, die uns hier umgibt. Beim Beginn der Bauarbeiten für dieses Gebäude 1873 entdeckte man nicht nur die Reste der alten Stadtbefestigung unter dem vorher als Paradeplatz genutzten Areal, sondern auch, dass diese Stadtmauern wiederum von alten Minengängen und Sprengkammern aus dem 17. Jahrhundert unterhöhlt waren, aus der zweiten Türkenbelagerung. Das wäre dann die Vergangenheit – denn die ist voller Löcher, Lücken und Leerstellen, die wir nicht mehr ausfüllen können, außer durch Erzählen, durch nachträglich hinzugefügte Geschichten.

Der große Festsaal, in den sich einmal hineinversetzen muss, der dieses gerade liest, ist 1884 fertiggestellt worden. Hier hat am 19. November 1932 der damals frisch gewählte Rektor der Uni Wien, Othenio Abel, in seiner Inaugurationsrede sein emphatisches Bekenntnis zu Großdeutschland verkündet – 1932, sie haben schon richtig gelesen, unter dem Jubel der nationalsozialistischen Studentenverbände, die im Jahr davor die studentischen Wahlen deutlich gewonnen hatten. An der Universität Wien fand die „Machtergreifung" des Nationalsozialisten fast ein

Vierteljahr vor der in der Berliner Wilhelmstraße statt; nur erinnert hier nichts daran.[3]

Noch einmal 18 Jahre früher, hat dieser Raum während des Ersten Weltkriegs als Speisesaal für das riesige Lazarett gedient, das damals in der Universität untergebracht war: Auch das ist futsch, keine Spuren davon sind geblieben. Ganz deutlich sichtbar ist dagegen heute hier eine andere Geschichte, nämlich die des Kunstskandals um die Deckengemälde, mit denen er geschmückt werden sollte. Franz Matsch hatte den Auftrag für das Gemälde zur Theologie bekommen, das man heute über sich sehen kann, wenn man im Festsaal sitzt. Gustav Klimt sollte die drei anderen Gemälde für die Fakultäten Philosophie, Medizin und Jurisprudenz übernehmen. Als er sie 1901 erstmals präsentierte, fanden die Kunstkommission und die Leitung der Universität sie unpassend, obszön und pornografisch. Als Klimt die farbigen Bilder – sie waren sehr groß, 4,3 mal 3 Meter – 1904 auf der Weltausstellung im amerikanischen St. Louis zeigen wollte, wurde ihm das vom Unterrichtsministerium verboten. Daraufhin gab er den Auftrag zurück, und mit Hilfe seines Mäzens, des Kunstförders und Industriellen August Lederer, der die Bilder kaufte, auch das Honorar.[4] Aus Lederers Besitz wurden die Bilder 1938 „arisiert" und vom Wiener Gauleiter Baldur von Schirach für den Staat angekauft. 1945 wurden sie von SS-Einheiten im niederösterreichischen Schloss Immendorf verbrannt.[5] Ihre Originale sind heute eben nicht Geschichte, sondern Vergangenheit – weg, für immer, futsch.

So bedauerlich dieses Verschwinden sein mag, historisch ist es der Normalfall. Alle Spezialistinnen und Spezialisten wissen, wie unglaublich wenig von der riesigen kulturellen Produktion im antiken Griechenland und Rom übrig geblieben ist. Die gesamte Malerei und der allergrößte Teil der Literatur und Philosophie sind verloren; von Bildhauerei und Architektur sind nur wenige ruinöse Reste und Kopien erhalten. Aber dasselbe gilt für die mittelalterliche Malerei – neuere Schätzungen gehen davon aus, dass etwa 95 Prozent der Bilder, die in Europa vor dem Jahr 1500 gemalt worden sind, weg sind, futsch. Bei gedruckten Texten sieht es nur etwas besser aus. Ein Drittel aller Inkunabeln, also der vor dem Jahr 1500 gedruckten

---

3 Klaus Taschwer, Hochburg des Antisemitismus. Der Niedergang der Universität Wien im 20. Jahrhundert (Wien: Czernin 2015), 144 und 158.

4 Zu den Details zuletzt Friedrich Polleroß, Ein ‚coloristisches Prachtstück' und ein ‚geharnischtes Telegramm an den Rector': Gustav Klimt, die „Philosophie" und Franz Wickhoff, in: Materialien der Gesellschaft für vergleichende Kunstforschung in Wien 74/3 (2022), 17–23.

5 Zu den ungeklärten Umständen Tina Marie Storkovich, Verbrannte Klimtbilder: Das Puzzle von Immendorf, in: Die Presse, 18. Dezember 2015; zum grösseren Kontext Brigitte Schwarz, Auf Befehl des Führers. Hitler und der NS-Kunstraub (Darmstadt: wbg 2014), 56–82, und Hanns Christian Löhr, Das Braune Haus der Kunst. Kunstbeschaffung im Nationalsozialismus (Berlin: Gebrüder Mann), erweiterte 2. Auflage 2016.

Schriften, ist verloren, und ein weiteres Drittel ist heute nur mehr in einem einzigen Exemplar erhalten. Ähnliche Zahlen gelten für das Industriezeitalter. Radio war das Wundermedium der Zwischenkriegszeit – der allergrößte Teil der frühen Radiosendungen ist aber weg. Traummaschine Kino: Die Hälfte aller Filme, die vor 1940 entstanden sind, sind heute unwiderruflich verloren, für immer futsch.[6]

Dasselbe gilt für die Bildtechnik der Moderne schlechthin, die Fotografie. Von Beginn an war die neue Technik dafür gepriesen worden, Wirklichkeit präzise festzuhalten und für die Nachwelt zu bewahren. Die eingefrorenen Momente der Fotografie, schrieb ein begeisterter Zeitgenosse 1851, würden zukünftigen Historikern unersetzliche Dienste leisten. In den 160 Jahren zwischen der Erfindung der Fotografie und dem Ende des 20. Jahrhunderts sind alleine in der Schweiz etwa 140 Millionen Fotografien entstanden. Davon ist heute noch etwas mehr als ein Drittel vorhanden, schätzt eine 2014 entstandene Studie – und diese Fotos zerfallen, und zwar umso schneller, je jünger sie sind, überall, in Österreich natürlich auch.[7] Die Farbfotos meiner eigenen Pubertät aus dem Wien der 1970er sind schon jetzt verblasst und rotstichig, in zehn Jahren wird auf ihnen nichts mehr zu erkennen sein – finde ich selber aber nicht ganz so schlimm, ehrlich gesagt.

Dasselbe gilt für unser heutiges Wundermedium, das Internet. Daten müssen dauernd neu kopiert werden, sonst werden sie unlesbar, wie die Floppy Discs aus den 1990er Jahren, die ich beim Aufräumen manchmal im Keller finde. Für Festplatten und Server gilt dasselbe. Lektion aus der Technikgeschichte: Je dichter Daten gespeichert werden, desto fragiler sind sie. Den Fantastilliarden von Texten und jpg-Fotos (kein sehr stabiles Format) auf den sozialen Netzwerken muss man einfach viel Glück wünschen. 2013 hat eine Studie herausgefundenen, dass nach nur 2 ½ Jahren 30 Prozent aller Informationen auf *Facebook* unauffindbar geworden waren. Die Entstehungsgeschichte von *Second Life*, *MySpace* und *Instagram*, hat eine Studie nüchtern resümiert, sei heute nur noch in Bruchstücken rekonstruierbar, die digitalen Originalquellen dafür seien zum größten Teil unzugänglich geworden.[8]

---

6 Ann Blair, Too Much to Know. Managing Scholarly Information before the Modern Age (New Haven/London: Yale University Press 2011); Valentin Groebner, Wissenschaftssprache digital. Die Zukunft von gestern (Konstanz: konstanz university press 2014), 42–65.

7 Fotobüro Bern (Hg.), Überblick über das fotografische Kulturerbe in der Schweiz. Umfang, Zustand, Erschliessung und Bedeutung fotografischer Bestände in öffentlich zugänglichen Institutionen (Bern: Haupt 2014); siehe auch Nora Mathys u. a. (Hg.), Über den Wert der Fotografie. Wissenschaftliche Kriterien zur Bewahrung von Fotosammlungen (Baden: hier + jetzt 2013), 91–103 und Peter Geimer, Bilder aus Versehen. Eine Geschichte fotografischer Erscheinungen (Hamburg: philo fine arts 2010).

8 Valentin Groebner, Wie haltbar ist die Zukunft? Im Keller der Bibliothek von Alexandria, in: Jürgen Mittelstraß und Ulrich Rüdiger (Hg.), Die Zukunft der Wissensspeicher (Konstanz: uvk

2 Ganz authentisch

Der Verlust von Texten, Bildern und Daten ist der Normalfall, habe ich oben geschrieben. Aber dieses große Verschwinden ist für die historischen Disziplinen Libido und Treibstoff in einem. Gerade die Lückenhaftigkeit der Überlieferung wird seit dem 19. Jahrhundert als Verlust und methodische Herausforderung aufgefasst, der mit immer ausgefeilteren Techniken der Rekonstruktion begegnet werden muss. In der Public History ist die Beschreibung der Vergangenheit als eine unbetretbar gewordene Zone immer kombiniert von einem trotzigen „Trotzdem", dem Wunsch nach Wiederherstellung und Wiederbesichtigbarkeit. Deswegen sieht man heute die drei verbrannten Klimt-Bilder über sich, in Schwarzweiß-Reproduktionen nach Fotografien, sie sind 2005 im Rahmen einer Ausstellung hier angebracht worden. Und wer sie in Farbe sehen will, kann sich die aufwändige Rekonstruktion anschauen, die im Rahmen der Ausstellung „Klimt vs. Klimt" im Jahr 2021 von der fürsorglichen Firma *Alphabet* – alias *Google* – aufs Netz gestellt worden sind.[9]

Damit haben sie sich in Geschichte verwandelt, die den Verlust verspricht zu reparieren. Wir sind nicht gut darin, das Verschwinden der Vergangenheit zu akzeptieren. Es macht uns betreten. Wir wollen zurückspulen, zurückkehren, wiederherstellen, *undo* hieß die Taste auf den alten Computertastaturen. Das ist das große Versprechen der Rekonstruktion: noch einmal von vorn anfangen, das Echte von früher, aber ganz frisch.

Die Unterscheidung zwischen dem unwiderruflich Verschwundenen und dem nachträglich Wiederhergestellten aber ist die Kernkompetenz aller historischen Fachdisziplinen. Es ist das, was Geschichte – ebenso wie die Kunstgeschichte, die Archäologie und ihre philologischen Schwesterdisziplinen – zur Wissenschaft macht, nämlich die begründete und nachprüfbare Unterscheidung, ob irgendein historischer Überrest tatsächlich aus der Zeitzone kommt, wie er behauptet, oder ob er nachträglich hergestellt worden ist. Gleichzeitig ist diese scharfe und klare Unterscheidung immer leicht skandalös. Man könnte auch ernüchternd dazu sagen oder kränkend, weil sie dem Wunsch des Publikums nach unproblematischer Weiterverwendung all der schönen Dinge und Geschichten von früher widerspricht.

Geschichte – also nachträgliche Rekonstruktionen und Remakes – muss mit Wahrheitsfunktionen aufgeladen werden. In der Zeit von Jacob Burckhardt und Heinrich von Ferstl war das Lieblingsvokabel dafür der „Geist". Auch dem Haupt-

---

2016), 123–129; Niels Brügger, The Archived Web. Doing History in the Digital Age (Cambridge/Mass/London: Harvard University Press 2018).

9 https://artsandculture.google.com/project/klimt-vs-klimt, zuletzt aufgerufen am 2. Januar 2023.

gebäude der Universität Wien wurde von begeisterten Kritikern damals bescheinigt, es gebe perfekt den Geist der Renaissance wieder, ähnlich wie die im 19. Jahrhundert neu gebauten neo-mittelalterlichen Kirchen für die Zeitgenossen den „wahren Geist der Gotik" verkörperten – was auch immer das sein mag. Im 21. Jahrhundert verwenden wir für dieses Ineinanderblenden oder Pürieren von Vergangenheit und Geschichte zur emotionalen Geschmacksverstärkung ein neues Vokabel. Sie kennen es alle: Es heißt „Authentizität".

Dieses Wort hat aber nun eine ganz spezielle Geschichte und – im Gegensatz zu „Geist", der über allen Wassern heiliger Texte schwebt – auch eine recht präzise rekonstrierbare. ‚Authentisch' kommt buchstäblich aus der Vergangenheit, von altgriechisch ‚authentes', „eigenhändig", ein juristisches Vokabel, ursprünglich ging es um Gewaltverbrechen. Im Sinne von ‚echt' wird es ab dem 13. Jahrhundert verwendet. Nach der Eroberung von Konstantinopel durch christliche Kreuzfahrer 1204 wurde das katholische Europa geflutet mit Reliquien aus der geplünderten byzantinischen Metropole. Sehr viele davon waren, sagen wir einmal: unklarer Herkunft, und das Vierte Laterankonzil 1215 erließ neue strenge Regeln, welche Überreste der Passion und der Heiligen verehrt werden durften. Nämlich nur solche mit ‚authentica' – das waren angehängte schriftliche Bescheinigungen, dass es sich um den echten Knochen einer echten Heiligen handelte. Aus der Reliquienverehrung ist das Wort im modernen Sprachgebrauch dann zur Chiffre für Echtheit geworden. Denn wie die Reliquien bezieht sich auch das Authentische immer auf etwas, was reproduziert und kopiert werden kann. Authentisch ist einer dieser Begriffe, die über die Wünsche des- oder derjenigen, die das Wort benutzt, viel genauer Auskunft gibt als über konkrete Eigenschaften dessen, was so bezeichnet wird.

Und heute mehr denn je. Denn historische Gebäude, Gegenstände und Sammlungen sind im 21. Jahrhundert nirgendwo mehr lästige Überreste von früher, wie in den Modernisierungsschüben des 19. Jahrhunderts. Die Wiener haben ihre historische Stadtbefestigung ab 1857 ruckzuck abgerissen und jede Menge komplett erhaltene barocke und mittelalterliche Häuser auch gleich mit dazu. Das ist keine Wiener Spezialität, das geschah zur selben Zeit in ganz Europa. Ähnlich flott ging das im 20. Jahrhundert weiter, von Mussolini, der in Rom ganze mittelalterliche Straßenzüge abreißen ließ, bis zum Wiederaufbau nach dem Zweiten Weltkrieg.[10] Noch in den 1950er und 1960er Jahren war man ziemlich unzimperlich mit alter Bausubstanz.

—————

10 Diese grossflächigen Zerstörungen haben erst das Konzept des Denkmalschutzs entstehen lassen; dazu etwa Matthias Noell, Wider das Verschwinden der Dinge: Die Erfindung des Denkmalinventars (Berlin: Wasmuth & Zohlen 2020).

Heute werden historische Überreste als sorgfältig gehütete Schätze aufgefasst, als unersetzliche Materialisierungen kollektiver Selbstbilder, nationales Erbe und kostbare Ressourcen touristischer Vermarktung, alles gleichzeitig. Deshalb müssen sie um jeden Preis erhalten werden und, falls durch einen Unglücksfall beschädigt, um jeden Preis wiederhergestellt. Die Wellen medialer Erregung über den Brand des Theaters ‚La Fenice' in Venedig 1996, der Anna-Amalia-Bibliothek in Weimar 2004 und des Dachstuhls der Kathedrale von Notre Dame de Paris 2018 (der war vorher unsichtbar, außer dem Dachreiter aus den 1850er Jahren) haben das exemplarisch vorgeführt.

Zur üblichen Selbstbeschreibung des 21. Jahrhunderts als hochinnovativ und zukunftsorientiert steht diese Verlustsensibilität in einem erklärungsbedürftigen Verhältnis. Zur Praxis von früher ebenfalls – für die Bauherren der Renaissance und des Barocks war der Abriss des Alten völlig selbstverständlich. Aber schon die industrielle Moderne des 19. Jahrhunderts hat zerstörte mittelalterliche Baudenkmäler rekonstruiert oder durch Neues im alten Stil ersetzt – auch dafür ist das Wiener Fin-de-Siècle voller Beispiele, gotischer als die Votivkirche und das Wiener Rathaus geht ja gar nicht. Selbstähnlichkeit wird immer nachträglich hergestellt, und deswegen mussten auch die Klimt'schen Fakultätsbilder wieder hierher gebeamt werden. Wien muss Wien bleiben, und bitte mit Klimt.

3 Zeitkapseln

Musealisierung ist heute die Standardprozedur des öffentlichen Umgangs mit historischen Hinterlassenschaften. Aber was verändert sich, wenn die Zeugnisse einer unwiderruflich verschwundenen Vergangenheit überall blitzblank herumstehen, authentisch und von früher, aber in bestem Zustand, so wie die Wiener Ringstrassenbauten von 1884 oder 1911 heute? Und wenn nichts mehr kaputt und verloren gehen darf, was geschieht dann mit den Dingen von früher, die in der Gegenwart in den Museen ausgestellt werden?

Diese Frage lässt sich mit Blick auf die Decke des Festsaals nicht ohne weiteres beantworten; wechseln wir also den Standort. Manche Gegenstände behaupten, die Zeit stillstellen zu können und für immer zu bleiben. Sie versprechen Unkaputtbarkeit, weil sie so robust sind, so groß, schwer und teuer – wie die Säulen aus poliertem hartem Stein, die im Mittleren Orient, in Ägypten und Indien im ersten Jahrtausend vor Christus aufgestellt wurden; samt ausführlichen Inschriften derjenigen, die sie in Auftrag gegeben hatten, um ihre Siege und Verordnungen festzuhalten, wetterfest und für immer. Wenigstens in der Theorie. Heute stehen die Stelen von Hammurapi, Ashoka und ihren Kollegen in Museen.

1911 wurde in der Nähe von Galle an der Südwestküste von Sri Lanka eine solche große Steinsäule ausgegraben. Sie war in drei Sprachen beschriftet, der chinesische Admiral Zheng He hatte sie dort 1411 aufstellen lassen. Ihre Inschriften preisen den Hindu-Gott Vishnu (in Tamil), Buddha (auf Chinesisch) und das Licht des Islam (auf Persisch) und enthalten eine Liste der eindrucksvollen kostspieligen Opfergaben, die der Admiral im Namen seines Kaisers Yongle in einem Tempel hatte deponieren lassen.[11] Die Säule selbst blieb allerdings etwas mehr als ein Jahrhundert lang unsichtbar. Erst 2013 wurde sie im Nationalmuseum in Colombo in grossem Zeremoniell dem Publikum präsentiert. Sie sei, so die Widmung des chinesischen Botschafters, das Zeichen der traditionell engen Beziehungen zwischen China und der Republik Sri Lanka.

Dass die britischen Gründer des Nationalmuseums mit diesem Exponat nichts anfangen konnten, auch wenn es einzigartig und fünfhundert Jahre alt war, ist weiter nicht erstaunlich. Das Museum war auf Initiative des Gouverneurs der damaligen britischen Kolonie Ceylon in Form eines italienischen Barockpalasts geplant und am 1. Januar 1877 feierlich eröffnet worden. Seine berühmtesten Exponate waren der Thron und die Krone des Königs von Kandy, dessen zuvor unabhängiges Königreich im Inneren der Insel das britische Empire 1815 erobert hatte. An eine Eroberung erinnerte aber auch die Gedenksäule von Galle. Auf seiner dritten Flottenexpedition 1409–1411 hatte der kaiserliche Admiral Zheng He den singhalesischen König, der sich der chinesischen Politik widersetzt hatte, militärisch geschlagen, gefangengenommen und nach Nanjing gebracht, wo er enthauptet wurde. Für diese Geschichte hatte die britische Kolonialverwaltung keine Verwendung. Imperien erinnern sich nur ungern an erfolgreiche andere Imperien.

Museen zeigen also nicht einfach Vergangenheit, sondern Geschichte, in Auswahl und nach ihren eigenen Regeln. Was geschieht dabei mit ihren Exponaten? In Museen, hat die Kunsthistorikerin Bénédicte Savoy 2019 geschrieben, träfen unterschiedliche Zeiten aufeinander: Erstens unsere eigene, die der Besucherinnen und Besucher. Zweitens die Zeit, in der die Objekte entstanden sind, die gezeigt werden. Und eine dritte Zeit – oder eher Zeitzone –, die meist unsichtbar bleibt, nämlich die Zeit des Museums selbst.[12] Denn Museen verstehen sich als Schutzräume oder Kokons, in deren Innerem die Zeit nicht mehr weiterläuft. Wenn ein Gegenstand im Museum präsentiert wird, ist er in einer besonderen Zone von wolkiger Ewigkeit angekommen. Sie materialisiert sich gewöhnlich als Schau-Altar hinter Glas.

---

11 Mehr dazu bei Louise Lavathes, When China Ruled the Seas: The Treasure Fleet of the Dragon Throne (New York: Norton 1994), und David Abulafia, The Boundless Sea (Oxford/New York: Oxford University Press 2019), 261–263.

12 Bénédicte Savoy, Museen. Eine Kindheitserinnerung und die Folgen (Köln: Greven 2019).

Obwohl durchsichtig, lässt die Vitrine den größten Teil der Benutzungsgeschichte dessen, was da ausgestellt wird, verschwinden. So gut wie alle Dinge, die wir heute in Museen bewundern, sind nicht zur öffentlichen Ausstellung gemacht worden. Einige, wie antike Tempelskulpturen oder mittelalterliche Altarbilder, waren Stiftungen – Geschenke an religiöse Institutionen. Die meisten historischen Exponate, die in Museen präsentiert werden, sind allerdings dafür hergestellt worden, verkauft, gekauft und benutzt zu werden. Sie waren einmal Waren. Für die Bilder von Peter Paul Rubens, Gustav Klimt und Jean-Michel Basquiat gilt das ebenso wie für ausgestopfte Tiere, Flugzeuge und Fotografien. Ein Museum ist deswegen ein Museum, weil es alle früheren Preisschilder zum Verschwinden bringt. Es ist ein bisschen wie bei den Zoos, die ihren Besuchern ja auch verschweigen, was der herzige Pinguin gekostet hat, der Alligator oder der Leguan aus Madagaskar, den man letztes Jahr frisch eingeflogen hat, weil die eben nicht so lange halten.

Museen präsentieren sich als Zeitkapseln: Was in ihnen landet, büßt nicht nur das Preisschild ein, sondern darf sich auch nicht mehr verändern. Im November 2022 wurde im Frankfurter Stadtmuseum die Ausstellung „Alles verschwindet!" eröffnet, dem lokalen Künstler Carl Theodor Reiffenstein gewidmet, der am Ende des 19. Jahrhunderts die Frankfurter Häuser von damals auf mehr als 2.000 Zeichnungen festgehalten hat. Und damit liefert das Museum natürlich ein schönes Paradox: Das Verschwinden ist eben nicht verschwunden, im Gegenteil, sondern in Museen zu besichtigen.

Szenenwechsel. „Geh da unbedingt hin", hatte die Freundin gesagt, „Du glaubst es sonst nicht." Die Villa in Vevey am Genfersee, in der Charlie Chaplin die letzten Jahrzehnte seines Lebens verbracht hat, ist mittlerweile in ein Museum umgebaut worden. Die Wohnräume seien authentisch, original und unverändert, wird den Besuchern versichert, und die Inneneinrichtung bis in alle Details so, wie Chaplin sie benutzt habe. Aber jedes einzelne Stück – Vasen, Schalen, Aschenbecher – ist festgeklebt; und in einem unterirdischen Anbau können die Besucher in die nachgebauten Szenen berühmter Chaplinfilme eintreten und sich darin gegenseitig fotografieren, und das taten sie auch, jauchzend. „Es war Wochenende", sagte die Freundin, „proppenvoll."

So ist Museum: Festkleben und nachspielen. Museen beruhen auf einem ähnlichen Prinzip wie das Medium Film: Den Zuschauer das sehen lassen, was er sonst nicht sehen kann. In Filmen kann man deswegen in die Vergangenheit und in die Zukunft schauen; man kann Leuten mit außergewöhnlich schönen Körpern zusehen, wie sie sich ausziehen, kämpfen, Kunststücke machen und Sex haben. Filme zeigen, was man normalerweise nicht sehen kann: brennende Städte, Vampire, Zombies, Westernhelden, bis zu den historischen Geschöpfen des Films schlechthin, den Dinosauriern, seit 1922. Die Geschichten, die dabei erzählt werden, wechseln, aber das Grundprinzip ist von rührender Schlichtheit: Das originale, auratische Echte aus dem verschwundenen Früher. Museen, hat der Ausstellungsmacher Daniel Tyradellis in einem erfolgreichen Buch 2014 formuliert, verkörperten einen Atavismus. Alles in ihnen sei dafür angelegt, dem tradierten Schema zu folgen. Im Namen der eigenen Identität präsentierten sie ihrem zahlenden Publikum ein Wissensmodell, das der Vergangenheit angehöre. „Evidenz" wird er noch ein bisschen deutlicher, „ist ein Denkverhinderer", und die ausgestellten Dinge würden zu einer Denkfalle.[13]

Museen, egal, was sie ausstellen, sind deswegen alles Mögliche, aber nicht museal in der uns vertrauten Bedeutung, dass sie etwas Vergangenes zeigen, von früher. 95 Prozent aller heute existierenden Museen sind nach 1945 gegründet worden. Noch nie zuvor, hat der strenge deutsche Philosoph Hermann Lübbe etwas polemisch geschrieben, sei so viel Vergangenheit präsent gemacht worden wie jetzt. Wir erlebten die „progressive Musealisierung unserer öffentlichen Kultur" – für ihn gehören auch die Sanierung der Altstädte, der Denkmalschutz und die Naturschutzgebiete zu dieser Entwicklung.[14]

Publiziert wurde das 1983, vor 40 Jahren, und seither sind noch viel mehr Museen neu eröffnet und erweitert worden. Die Zahlen für den deutschen Sprachraum sind dabei besonders eindrucksvoll. Auf 12.500 Deutsche käme ein Museum, hat Tyradellis 2014 geschrieben, und die würden jährlich von 125 Millionen Menschen besucht – mehr als die Fußballspiele der Bundesliga; Tendenz steigend, mehr als 10.000 jährliche Sonderausstellungen. Deutschland hat zusammen mit Österreich und der Schweiz die höchste Museumsdichte der Welt.[15]

Musealisierung, so wissen wir vierzig Jahre nach Hermann Lübbe, ist nicht auf Altstädte und Biotope beschränkt, sondern ein Allesfresser. In der Schweiz, Deutschland und Österreich gibt es Kindermuseen und Museen für queere Sado-Maso-Kultur, Museen für Botanik und für Paul Klee, Heimatmuseen und Überseemuseen, Museen für Medienkunst und für Tattookultur, es gibt Foltermuseen (privat) und Polizeimuseen (öffentlich), und ich warte geduldig auf die Eröffnung des ersten Hausbesetzermuseums. Es gibt eine schwer überblickbare Menge an Museen, die sich materiellen Alltagsdingen wie dem Korkenzieher, dem Kaffee und der Schokolade widmen, und ebenso viele, die hoch abstrakte Konzepte vermitteln, von der Literatur als ganzer über Arbeit bis zu konstruktivistischer Kunst. Manche widmen sich der Alltagskultur vor 5300 Jahren (in Bozen, rund um die Mumie des

---

13 Daniel Tyradellis, Müde Museen, oder: Wie Ausstellungen unser Denken verändern könnten (Hamburg: Körber Stiftung 2014), 60, 153, 161.
14 Hermann Lübbe, Der Fortschritt und das Museum, in: Dilthey-Jahrbuch für Philosophie und Geschichte der Geisteswissenschaften 1 (1983), 39–56; mehr dazu bei Anke Te Heesen, Theorien des Museums zur Einführung (Hamburg: Junius 2012), 171.
15 Tyradellis, Müde Museen, 15, 28 f., 32.

Pharaos von Südtirol); andere der Geschichte des Videospiels. Aber ihnen allen ist gemeinsam, dass sie öffentlich zugänglich sind, also gedacht für Besucherinnen und Besucher ohne besondere Vorkenntnisse oder Fachausbildung. Und im Gegensatz zu anderen, teilweise eng verwandten Institutionen wie Galerien, Antiquaren, Souvenirläden und Juwelieren kann man das, was Museen zeigen, nicht kaufen.

Denn Museen, so der Kulturwissenschaftler Andreas Gehrlach, seien auf säkularisierte Weise heilig. „Sie sind von einem Regelsystem durchzogen, das außerhalb von ihnen keine Geltung hat." Alle Besucher seien still, gewissenhaft und lernbegierig, wenigstens in der Theorie; nichts darf daraus entfernt werden.[16]

4 Warenhäuser

Wie sieht das dann in der Praxis aus? Eine Tagung über Geschichte und Museen, Schweiz, 2018: Der schmallippige gestresste Mann im engen Anzug kam von der Kulturabteilung des Kantons. Früher war er der Leiter der kantonalen Museen, und jetzt sprach er von der Vision, die ein Museum haben müsse. *Visio* ist religiöse Terminologie: Es meint entweder die Schau des Jenseits (Inferno oder Paradies), oder aber, als *visio dei* im 14. und 15. Jahrhundert, ein unter Dominikaner- und Franziskanertheologen intensiv und höchst kontrovers diskutiertes Prinzip, die Möglichkeit der Schau Gottes, also unmittelbare Erleuchtung. Aber meinte der Mann im Anzug wirklich das?

Manchmal sieht man von hoch oben eben mehr. Noch ein Ortstermin: Auf dem Kronplatz in Südtirol stehen auf 2.275 Meter Höhe gleich zwei Museen. Das *Messner Mountain Museum*, entworfen von der Architektin Zaha Hadid, wurde 2015 eröffnet. „Einen Ort der Stille, der Entschleunigung" wolle er schaffen, hatte Messner damals verkündet, „einen Rückzugs- und Erfahrungsraum als Gegenpol zum Sporthype". (Er betreibt noch fünf weitere Museen.) Ende 2018 wurde nebenan das *Lumen* eröffnet, das Museum für Bergfotografie. 1.500 Quadratmeter Ausstellungsfläche auf drei Stockwerken, die fotografische Eroberung der Berge seit dem 19. Jahrhundert, Sportbilder im „Adrenalin-Raum", gesponsert vom Getränkehersteller *Red Bull*.

Dazu gibt es neben der fantastischen Aussicht auch Brillen mit künstlicher Realität und einige kritische Anmerkungen zum Wintertourismus; aber nicht zu viele. Denn zum Gipfel des Kronplatz führen dreißig Lifte, und betrieben wird das Museum von der *Kronplatz Seilbahn AG*, die in dem riesigen Skigebiet im Pustertal

---

16 Andreas Gehrlach, Das verschachtelte Ich. Individualräume des Eigentums (Berlin: matthes & seitz 2020), 125.

die Bergbahnen und Schneekanonen am Laufen hält – so viel zum „Ort der Stille".
Der Museumsbau wurde vom Land Südtirol mit drei Millionen Euro unterstützt.
Der Eintritt kostet trotzdem 17 Euro pro Person; wer nicht zu Fuß hinaufsteigt,
muss noch einmal genau so viel für die Seilbahn bezahlen. Man rechne, so der Di-
rektor, mit 50.000 Besucherinnen und Besuchern pro Jahr.[17] Museen verkünden
gerne immaterielle Werte, denn sie möchten Anziehungsorte sein – Menschenpumpen.

Szenenwechsel: Das *Institut du Monde Arabe*, eröffnet 1987, beherbergt auf
drei Stockwerken und mehreren tausend Quadratmeter ein Museum, das der arabischen Welt gewidmet ist. Als ich es im Juli 2021 besuchte, war es sehr still in den
Gängen zwischen den großen Vitrinen, die archäologische Funde, antike Statuetten, mittelalterliche Manuskripte mit wunderbarer Kalligrafie und verzierte Waf-
fen und alte Stoffe präsentieren, dazwischen zeitgenössische Kunst von arabischen Künstlerinnen und Künstlern. In keinem einzigen Exponat des Museums
und in keinem der vielen erklärenden Texte auf Französisch und Englisch kamen
der schiitische Prophet Ali und die Geschichte anderer islamischer Glaubensge-
meinschaften als der sunnitischen vor. Ebenso fehlte jeder Hinweis auf das Osma-
nische Reich, das 1527 die heiligen Städte Mekka und Medina erobert und für fast
vier Jahrhunderte regiert hatte. Auch die Interventionen der europäischen Koloni-
almächte in der arabischen Welt im 19. und 20. Jahrhundert blieben unerwähnt,
ebenso das Erdöl. Ich verließ das Museum etwas verwirrt. Im Erdgeschoss lief
gleichzeitig eine Ausstellung über arabische Diven in Film und Popmusik im 20.
Jahrhundert. Sie war voll mit enthusiastischem Publikum.

Museen als sakrales Territorium und vermeintliches Jenseits von Markt und
Käuflichkeit sind heute so selbstverständlich, dass man leicht vergisst, dass das in
früheren Boomphasen der Museen im 19. Jahrhundert ziemlich anders war. Der
Kunsthistoriker Pascal Griener hat in seiner Museumsgeschichte beschrieben, wie
die Ausstellungen antiker etruskischer Funde der 1830er und 1840er Jahre in London und Paris verbunden waren mit in den Museen präsentierten Ständen des
Fachhandels, wo die Besucherinnen und Besucher dann gleich ihre eigenen antiken Statuetten und Vasen kaufen konnten.[18] Der Antiquitätenhandel und die Museen arbeiteten im 19. Jahrhundert ohnehin so eng wie möglich zusammen. Bei
den großen militärischen Kolonialexpeditionen von Ägypten über Mexiko und China bis nach Westafrika waren Spezialisten aus den Museen und ihre Kollegen aus

---

17 Bauwelt Heft 39 (2015), https://www.bauwelt.de/themen/bauten/Messner-Mountain-Museum-
Zaha-Hadid-2436538.html, zuletzt aufgerufen am 23. März 2023; Georg Mair, Kleines „Licht" am
Skiberg, in: ff. Südtiroler Wochenmagazin, 10. Januar 2019.
18 Pascal Griener, Pour une histoire du regard. L'expérience du musée au xixiéme siècle (Paris:
Hazan 2017).

dem Kunsthandel direkt bei den Truppen, eingebettet, sozusagen, um interessante Objekte gleich vor Ort zu sichern und in die Museen bzw. in die Depots der Kunsthändler von London, Paris, Rom abzutransportieren.[19]

Museen sind von Anfang also Tempel und Massenmedien gleichzeitig. Historisch gesehen sind sie die etwas hochnäsigen Zwillingsgeschwister der Warenhäuser – ein paar Schritte vom Louvre entfernt waren 1855 die „Grands Magazins du Louvre" eröffnet worden, eines der erfolgreichen Pariser Kaufhäuser. Ebenso eng verwandt sind die Museen mit den Industrieschauen und Weltausstellungen, mit denen die Begriffe „Ausstellung" und „Exposition" in der heutigen Bedeutung in der Mitte des 19. Jahrhunderts erst geprägt wurden: Künstliche Topografien der Verdichtung des Besten und Begehrenswerten.[20] Sie galten als „mächtiger Hebel zur immer höheren Entwicklung der technischen Vollkommenheit", schrieb ein Zeitgenosse. Karl Marx sah das genauso. Die Bourgeoisie, schrieb er, errichte in der Weltausstellung 1851 im Londoner Glaspalast „im modernen Rom ihr Pantheon."[21] Verehrung höchster Werte, aber in Konkurrenz.

„Babel" von Kenah Cusanit von 2018 ist einer der wenigen selbstironischen historischen Romane, die ich kenne. Er spielt kurz vor dem Ersten Weltkrieg. Die Autorin lässt darin ihren melancholischen Helden, den Archäologen Koldewey, auf den deutschen Kaiser Wilhelm II. persönlich treffen, und der monologisiert ziemlich manisch über Museen.

„Koldewey habe ja sicher schon gemerkt, dass das alte Pergamonmuseum, in das nur der Pergamonaltar gepasst habe, gerade entfernt werde. Leider sei das Museum für die wachsende Zahl antiker Funde zu schnell zu klein geworden: 1901 eröffnet, 1909 abgerissen. Sehr schade auch um die neue Kuppel", lässt Cusanit den Kaiser sagen.

---

19 Ausführlich dazu etwa Donald Reid, Whose Pharaos? Archaeology, Museums, and Egyption National Identity from Napoleon to World War I (Berkeley: California University Press 2002); Michael Greenhalgh, The Plundered Empire. Acquiring Antiquities from Ottoman Lands (Leiden: Brill 2019); Till Spurny, Die Plünderung von Kulturgütern in Peking 1901/02 (Berlin: WVB 2008); Dan Hicks, The Brutish Museums: The Benin Bronzes, Colonial Violence, and Cultural Restitution (London: Pluto 2020), und die Beiträge in Charlotte Trümpler (Hg.), Das grosse Spiel. Archäologie und Politik zur Zeit des Kolonialismus 1860–1940 (Köln: DuMont 2008), Stefan Koldehoff (Hg.), Kunst-Transfers (München: Deutscher Kunstverlag 2009), Merten Lagatz, Bénédicte Savoy und Philippa Sissis (Hg.), Beute. Ein Bildatlas zu Kunstraub und Kulturerbe (Berlin: matthes & seitz 2021), Isabelle Dolecalek, Bénédicte Savoy und Robert Skwirblies (Hg.), Beute. Eine Anthologie zu Kunstraub und Kulturerbe (Berlin: matthes & seitz 2021).
20 Tony Bennett, The Birth of the Museum: History, Theory, Politics (London/New York: Routledge 1995); Te Heesen, Theorien des Museums, 14, 73, 22.
21 Te Heesen, Theorien des Museums, 78.

> „Und nun stelle er sich das mal vor, Berlin als Bewahrerin babylonischer Kultur, die Wiege der Zivilisation, und er in einer Reihe mit Nebukadnezar! So wie dieser in Babylon die Geschichte seiner Vorfahren bewahrt habe, die altbabylonische, die sumerische, jahrtausendealtes Wissen, von deutschen Gelehrten entdeckt und zu neuem Leben erweckt!"

Dann kommt im Roman ein Absatz.

> „Hoffen wir zum Guten, sagte Koldewey."[22]

Besonders fiktiv ist diese imaginäre Vignette aus dem frühen 20. Jahrhundert nicht. Am Beginn des 21. liest sie sich eigenartig vertraut. Seit dem 19. Jahrhundert können Museen offenbar nur wachsen, nie schrumpfen.[23] Schließlich müssen sie sich messen an denen der Vorgänger, der Nachbarn, der Konkurrenten, der Vorbilder aus anderen ehrgeizigen Hauptstädten, die sie einholen und übertreffen sollen.

Er eröffne hier kein Museum, hatte Adolf Hitler in seiner Rede zur Einweihung des Münchner „Hauses der deutschen Kunst" 1937 verkündet. Es handle sich vielmehr um den „Bau eines Tempels" für „eine wahre und ewige deutsche Kunst".[24] Ortstermin: München, Baarer Straße. Mir taten die Füße weh. Nach der Besichtigung von Hitlers Kunsthaus (monumental neoklassisch, eröffnet 1937) hinüber zum Museumsquartier am Königsplatz spaziert, vorbei am Museum für klassische Abgüsse (monumental Neorenaissance, eröffnet 1932) zur Glyptothek (monumental neoklassisch, eröffnet 1830) von Ausstellung zu Ausstellung, bis zur Alten Pinakothek (monumental Neorenaissance, eröffnet 1836). Zwischen den gewaltigen klassizistischen Steinkisten liegen große Leerräume mit Rasen, damit das Große noch größer wirkt.

„Die waren eben ein bisschen spät dran und ehrgeizig", sagte mein Begleiter. „Die mussten ihre Museen als Repräsentationsbauten der eigenen Kultiviertheit noch größer bauen als die der benachbarten Residenzen." Deswegen noch höhere Säulen, noch längere Treppen, die hinauf zu Gebäuden führen, die nach noch antikerer Antike und noch monumentalerer Renaissance als die Konkurrenz aussehen. „Steinerne Kleiderschränke" sagte mein Begleiter, „für historische Kostümierungen aus erfundenen Vergangenheiten". Nach der Alten Pinakothek kamen wir

---

22 Kenah Cusanit, Babel (München: Carl Hanser 2019), 240 f. Besonders fiktiv ist das nicht – zur weltanschaulichen Aufladung der deutschen Grabungskampagnen in Mesopotamien am Beginn des 20. Jahrhundert siehe Suzanne L. Marchand, German Orientalism in the Age of Empire. Religion, Race and Scholarship (Cambridge: Cambrisge University Press 2009). Cusanit hat sie gründlich gelesen. Siehe zuletzt Jürgen Gottschlich und Dilek Zaptcioglu-Gottschlich, Die Schatzjäger des Kaisers. Deutsche Archäologen auf Beutezug im Orient (Berlin: Ch. Links 2021).
23 Olivia Zorn und Christina Hanus (Hg.), Die Museumsinsel. Geschichte und Geschichten (Berlin: Staatl. Museen zu Berlin 2021) und Zaptcioglu-Gottschlich, Schatzjäger, 274 ff.
24 Zitiert nach Te Heesen, Theorien, 135.

zur Neuen Pinakothek (monumental Neorenaissance, eröffnet 1854): Der bayrische König wollte seine Privatsammlung mit zeitgenössischer Kunst ausstellen.

Auf der anderen Seite des Parks: die Pinakothek der Moderne, eröffnet 2002. Neoklassisch ist die nicht, aber monumental. „Fusion", sagte mein Begleiter. „Fusion aus Flughafen und Kulturreaktor. Fusion aus einer Konzernzentrale ohne Angestellte und einer Raketenabschussrampe aus einem Science-Fiction-Film. Einschüchterungsanstalt. Ich mag das, ich bin gerne klein." Weißer Beton, ein riesiger Vorraum mit uniformiertem Aufsichtspersonal. Am Eingang hing das große Marmorschild mit der langen Liste der Sponsoren aus lokaler Industrie und Hochfinanz, in goldenen Lettern. „Ist das schon die ironische Kunst der Moderne?", fragte mein Begleiter. „Siemens, Rheinmetall, Allianz – großartiger Fake! Da sieht man gleich, dass es hier nur ums Vergnügen geht, um Bildung und subversive ästhetische Erfahrung."

Gestiftete Kunstwerke sind ein Superreplikator: Sie bestätigen die moralische Ausnahmestellung der Institutionen, die sie aufbewahren. Über solche frommen Donationen hat Francis Bacon vor 400 Jahren alles Notwendige gesagt. Er verlegte die Geschichte allerdings zur Sicherheit in die Antike. Einem Mann werden die gestifteten Bilder derer gezeigt, die dank eines Gelübdes an die Götter aus Seenot gerettet wurden. „Und wo" fragt der Mann, „sind die Bilder derjenigen, die trotz Gelübde ertrunken sind?"

5 Edle Stifter

2017 lancierte das Berner *Museum für Kommunikation* eine große Werbekampagne, und eines der überall in der Schweiz gezeigten Plakate hieß: „Museum für Selbstlob". Die smarten Mädels und Jungs von der beauftragten Werbeagentur meinten das natürlich ironisch. Aber genau dafür sind Museen entstanden: als Selbstvergrößerungsinstitutionen, die nachträgliche Ursprungsgeschichten präsentieren. Das konnte die Form von Tempeln annehmen, in denen Beute aus erfolgreichen Kriegen vorgezeigt wird (oder aus Revolutionen bzw. beides, wie beim Louvre), als Trophäen aus der Geschichte. Oder wie beim neuen FIFA-Museum in Zürich oder beim Museum des Internationalen Olympischen Komitees in Lausanne, als Selbstdarstellung von ökonomisch sehr erfolgreichen Institutionen. Sie erzählen ihre eigene Geschichte mit viel Aufwand, weil sie lieber nicht wollen, dass andere Leute diese Geschichte erzählen: Das Museum als Verschluss, als Marketing-Panzer.

Haben wegen dieser sakralen Ursprünge ihrer Institutionen so viele Museumsmacherinnen und -macher im Auftreten gewisse Ähnlichkeiten zu heiligen

Hohepriestern oder Hohepriesterinnen, Hüterinnen und Hüter des unfassbar Kostbaren?[25] Was im Museum landet, war sehr oft vorher Abfall, oder doch wenigstens Sperrmüll, hat der Ethnologe Michael Thompson 1978 in seiner „Rubbish Theory" erklärt. Was aber einmal dort gelandet ist, ist im ökonomischen Jenseits angekommen, und zwar jenseits der Preisschilder: geweiht, tendenziell unendlich kostbar, im Idealfall Gegenstand von öffentlichem Interesse und intensivem privaten Erlebnis. Sonst wäre es ja nicht im Museum. Museen, ob in München, Zürich oder Berlin, zeigen deswegen vor allem eines, nämlich den Wohlstand der Industriegesellschaft, die sie finanziert. Im Namen der ästhetischen Bedürfnisse einer eher vage bestimmten Allgemeinheit und der edlen Stifterinnen und Stifter, die uns diese Tempel der Schönheit ermöglichen, werden Objekte ausgestellt, die von ihrem Wert sprechen, und das ganz offen und direkt.

Denn Museen sind nicht gleich Museen – in Hinsicht auf ihre Zielgruppe. Die Kunstmuseen sind die Einkaufszone für Leute mit sehr viel Geld; für diejenigen, die über 10 Prozent Nettorendite wollen, steuerfrei. Diese wohlhabenden Leute sind statistisch tendenziell über siebzig Jahre alt, das wohlhabendste und konservativste Achtel der Bevölkerung in Deutschland, Österreich und der Schweiz. Wer sich in den freundlichen Altstadtgassen zwischen dem Basler Kunstmuseum, seinem Erweiterungsbau und dem nahen Museum für Gegenwartskunst in der St. Alban-Vorstadt die Beine vertritt, dem können die vielen diskreten Schilder der Treuhandbüros auf den gepflegten alten Häusern auffallen, oder von Firmen wie der mit dem schönen Titel *Wealthcare*: Sorge für den Reichtum. Daneben private Galerien. Rund um das Zürcher Kunstmuseum und in den Straßen rund um die Münchner Pinakothek der Moderne ist das ähnlich.

In den Museen für Gegenwartskunst geht das rasante wirtschaftsliberale 19. Jahrhundert nie zu Ende. Die Verflechtung zwischen Kunsthandel, Kuration und Museumsleitung ist hier selbstverständlich. In einem Bereich wie der Gegenwartskunst, in dem 97 Prozent aller Kunstwerke binnen dreißig Jahren komplett wertlos werden, wenn sie es nicht in den Auktionsmarkt geschafft haben, sind Tempel von Bedeutsamkeit und Kostbarkeit notwendig: Das Schatzhaus erzeugt den Schatz.[26] In einem Bereich wie der Gegenwartskunst, der in den letzten dreißig Jahren seine jährlichen globalen Umsätze vervielfacht hat und in dem große institutionelle Anleger eigene Portfolios halten, mit Versprechen von zweistelligen jährlichen Vermögenszuwächsen an ihre Kunden, spielen Museen eine ganz entscheidende Rolle. Mehr kann man bei Julia Voss nachlesen, „Hinter weißen Wänden", 2015 er-

---

25 Mehr dazu – mit sehr boshaften Detailbeobachtungen – bei Tyradellis, Müde Museen, 100 f., 113 f., 120 f.

26 So eine Schätzung von Ernst-Wilhelm Händler, Die Kunst, die Kritik und das Geld, in: Merkur 796 (2015), 13 f.

schienen: einem Buch, dass ich noch nie in einem Schweizer Museumsshop habe ausliegen sehen.

Der wirksamste Öffentlichkeitseffekt der Gegenwartskunst, hat Walter Grasskamp 2010 trocken geschrieben, sind ihre dramatischen Preissteigerungen in immer höhere Höhen von vielen Millionen Franken, Euro, Dollar. Die spektakulären Museumsneubauten der letzten Jahre sind praktisch ausschließlich Kunstmuseen. „Kultbauten des Marktwerts von Kunst" nennt sie Grasskamp.[27] Sie gehören zum rapiden Wachstum der Finanzbranche wie die großen Kunstmessen, die sich – deswegen die „Art Basel" – nicht zufällig in der Nähe der Zollfreilager befinden. Je stärker die Gewinne aus Vermögensverwaltung stiegen, hat eine Untersuchung von 2007 das resümiert, desto besser gehe es dem Kunstmarkt.[28] Dass Kunstmuseen in den letzten 30 Jahren eine so spektakuläre Boomphase erleben, ist in der Schweiz, dem Land, von dem aus ein Viertel oder ein Drittel des Privatvermögens des Planeten verwaltet wird, nur logisch. Die engen Verbindungen des Markts für Gegenwartskunst zu Offshore-Finanzpraktiken und Geldwäsche sind ebenso wenig Zufall wie die fantastischen Wertsteigerungen einer Künstlerin oder eines Künstlers eben dadurch, dass ein großes Werk von ihr oder ihm von öffentlichen Museen angekauft wird.

Damit der Markt so richtig Markt sein kann, würde ein Wirtschaftshistoriker nüchtern sagen, damit man jährliche Profitraten im zweistelligen Bereich rechtfertigen kann und sehr spezielle Offshore-Geschäftsmodelle, damit all das funktioniert, muss in diesem Bereich dauernd und mit höchster Intensität vom zeitlosen Schönen die Rede sein, von ewigen ästhetischen Werten und von der Verbesserung der Welt für kommende Generationen – kurz, vom Sakralen. Wie bei der FIFA, früher. Bis im Mai 2015 die Jungs von der Staatsanwaltschaft vorfuhren und sieben Funktionäre direkt aus dem Zürcher Luxushotel verhafteten.

Im Dezember 2022 war anlässlich der Eröffnung der Fußballweltmeisterschaft in Qatar ein neues Exponat im FIFA-Museum zu sehen. Einen Nachmittag lang konnten die Besucher dort den Originalumschlag mit dem Bestechungsgeld des Emirs von Qatar bestaunen, mit handschriftlicher Widmung in Arabisch und einem erklärenden Text in vier Sprachen – ins Museum geschmuggelt von Aktivistinnen und Aktivisten und in der leeren Vitrine *FIFA World Cup Qatar 2022* angebracht. Es handle sich um ein historisches Stück, erläuterte das Hinweisschild; von

---

27 Walter Grasskamp, Ein Urlaubstag im Kunstbetrieb. Bilder und Nachbilder (Hamburg: philo fine arts 2010), 62. Mehr dazu in Ders., Das Kunstmuseum. Eine erfolgreiche Fehlkonstruktion (München: C. H. Beck 2016).
28 William Goetzmann, Luc Renneborg und Christophe Spaenjers, Art and money: http://www. nber.org/papers/w15502.pdf, zuletzt aufgerufen am 23. März 2023; Wolfgang Kemp, Der Oligarch (Springe: Zu Klampen 2016).

nun an akzeptiere die FIFA aus Gründen der Transparenz für solche Transfers nur noch Banküberweisungen.[29]

Einen Überblick über spektakuläre Fälle von Wirtschaftsdelikten und Korruption der letzten zehn Jahre mit häufigen Hinweisen auf Schweizer Institutionen und Museen brachten 2020 die Journalisten Stefan Koldehoff und Tobias Timm heraus. Der Buchtitel ist bisschen knallig: „Kunst und Verbrechen". In den Museumsshops in Zürich, München und Basel lag auch dieses Buch nirgends, als ich sie besuchte.[30]

Dafür war in beiden Shops des Zürcher Kunstmuseums – Altbau und Neubau – im Dezember 2021 ein anderes Buch erhältlich, frisch erschienen: „Das kontaminierte Museum". Geschrieben hat es der Historiker Erich Keller, der im Auftrag der Stadt und der Universität Zürich die Geschichte der Kunstsammlung des deutsch-schweizerischen Waffenfabrikanten Bührle erforschen sollte, als Begleitpublikation zu deren Präsentation im Neubau des Zürcher Kunstmuseums. Er stieß dabei auf so viele zusätzliche Informationen, dass die mit seinem offiziellen Pflichtenheft nicht mehr vereinbar waren, wie er im Buch erläutert. Ungeklärte Herkunft der Bilder, Interventionen von Seiten der Stiftung, Ärger mit den Vorgesetzten, vorzeitige Vertragsauflösung im beidseitigen Einvernehmen, und viele aufgeregte Pressemitteilungen. So etwas passiert.[31]

Die Geschichte der Kunstsammlung des ehemaligen rechtsradikalen deutschen Freikorps-Kämpfers Bührle, der mit seiner Waffenfabrik in Zürich-Oerlikon als Rüstungslieferant der Wehrmacht wie der Alliierten und der neutralen Schweiz ein Vermögen machte und es unter anderen in günstig zu erwerbende Kunstwerke aus Zwangsverkäufen jüdischer Vertriebener investierte, hat im Herbst 2021 in der Schweiz für viel Gesprächsstoff gesorgt und ausführliche Berichte in den deutschen und amerikanischen Medien ausgelöst. „Ein Monument der Abschottung" hat ein Professor für Architekturgeschichte bei seiner Eröffnung im Herbst 2021 den Zürcher Neubau genannt. Dabei hätten die ersten Bilder vom Entwurf so vielversprechend ausgesehen. Jetzt aber: „nicht einladend, sondern einschüchternd – nicht verbindend, sondern exklusiv. Ein beiger Monolith." Wäh-

---

29 Der Schweizer „Tages-Anzeiger" und der „Blick" berichteten am 1. Dezember 2022 über die Aktion; mehr unter https://www.youtube.com/watch?v=HzS0g3hpL1k und https://www.izzyprojects.ch/geldumschlag-com, beide aufgerufen am 6. Januar 2023.

30 Stefan Koldehoff und Tobias Timm, Kunst und Verbrechen (Köln: Galiani Berlin 2020), vor allem 239–256 und 271–294.

31 Erich Keller, Das kontaminierte Museum. Das Kunsthaus Zürich und die Kunstsammlung Bührle (Zürich: rotpunkt 2021); siehe dazu die Artikelserie von Daniel Binswanger in https://www.republik.ch/2021/10/09/serie-buehrle-connection-teil-1-der-kunsthaus-deal; https://www.republik.ch/2021/10/09/recherche-serie-buehrle-connection; https://www.republik.ch/2021/11/06/serie-buehrle-connection-teil-3-zuerich-forscht, alle zuletzt aufgerufen am 23. März 2023.

rend im Siegerprojekt der Architekten der Platz vor dem Museum für den Durchgangsverkehr hätte gesperrt und der Park dahinter zur urbanen Grünzone erweitert werden sollte, rollten jetzt die Autos wie vorher, und der Park sei mit schweren Gittern verriegelt. Das Innere des klassizistischen Baus gleiche der Lobby einer Großbank. Monumentale Treppen „gehören zum bürgerlichen Museum, weil sich das von antiken Tempelanlagen ableitet." Das Museum „verkörpert mit seinem Klassizismus die Sehnsucht, die Zeit aufzuhalten."[32]

An dem Mittwoch Ende Dezember 2021, als ich dort war, war das Monument der Abschottung allerdings sehr gut besucht. Es gab viele Familien mit Kindern, die laut und quietschvergnügt die breiten Treppen und großen Freiflächen mit dem schönen Parkettboden in Beschlag nahmen. Der Medienwirbel hatte zusätzlich für Neugier gesorgt; ich bin gleich drei Bekannten begegnet. Draußen rauschte kalter Regen, und wir besichtigten die Renoirs und die Raubkunst, die Infotafeln zu den politischen Verstrickungen, die gotischen Schnitzaltäre (von denen wollte Bührle auch unbedingt welche haben) und die Monets. Ich hätte mir gerne auch den Vortragssaal angesehen, aber der war an diesem Mittwoch mit freiem Eintritt abgesperrt: Ein Tempel ist schließlich deswegen ein Tempel, weil er ein Allerheiligstes hat, in das nicht jeder hineindarf. Das Treppenhaus war verkleidet mit golden eloxierten Metallstreifen. Sie flimmerten leicht vor meinen Augen. „Goldene Migräne", sagte die Freundin. Oder wollten die Architekten den Ausdruck vom goldenen Käfig selbstironisch umsetzen? „Nein", sagte sie, „das ist eine Kathedrale, wie in Loreto oder in den neuen Science-Fiction-Filmen, die abheben und davonfliegen kann. Ein fliegender Tresor."

Wahrscheinlich hat sie recht. Museen sind Tempel der ästhetischen Absonderung, in dem sich jeder und jede besonders elegant und kultiviert vorkommen können muss: Sie haben den Dünkel sozusagen immer schon eingebaut, gerade weil sie aus öffentlichen Mitteln finanziert werden. Die Schönheit, die sie zeigen, ist moralisch grundiert, durch Distanzierung vom Erwerbsstreben, weil das, was sie zeigen, ja allen gehört – wenigstens theoretisch. Das öffentliche Schatzhaus ist gleichzeitig ein Stück religiös aufgeladenes Refugium, ein Versprechen auf ein Jenseits von irdischen Verwertungsketten. Am ersten Treppenabsatz: Eine große Marmortafel an der Wand mit den eingravierten Namen der privaten Stifterinnen und Stifter, in goldener Antiqua, eine lange Liste.

Die von Bührle eingerichtete Stiftung stand auch darauf. War deswegen Erich Kellers „Das kontaminierte Museum" im Museumsshop ein paar Schritte weiter so unübersehbar präsentiert? Gleich daneben lagen die beiden dicken Bände „Beute", in denen Bénédicte Savoy und ihre Mitherausgeberinnen Quellentexte, Analysen

---

32 Philipp Ursprung, Geschlossene Gesellschaft, in: Republik 1. Oktober 2021, https://www.republik.ch/2021/10/01/geschlossene-gesellschaft, zuletzt aufgerufen am 23. März 2023.

und viele, viele Bilder der gewalttätigen Aneignungen des Eigentums anderer Leute zusammengestellt haben, die das Sammeln und Ausstellen von kostbaren Kunstschätzen in Europa seit vielen Jahrhunderten mitbestimmt haben.[33] Die Besucher blätterten interessiert.

6 Böse Museen

Im ersten Viertel des 21. Jahrhunderts hat der ungebrochene Boom der Museen einen neuen Subtyp dieser ehrwürdigen Institution hervorgebracht und unübersehbar gemacht. Seine Karriere in der öffentlichen Aufmerksamkeit hat nicht einmal der strenge Hermann Lübbe vor vierzig Jahren vorhergesehen: das böse Museum. Den Modellfall dafür liefert das Berliner Humboldt-Forum, der Wiederaufbau der Fassade des Berliner Stadtschlosses als neuer historischer Museumskomplex – in jedem Sinn des Wortes. Es gäbe keine unschuldige Aufklärung, hat die Berliner Stadtforscherin Noa Ha in einem Interview verkündet, das in derselben Woche Ende Dezember 2021 erschien. Die Wiederrichtung von klassizistischer Architektur sei nicht nur ein städtebaulicher, sondern auch ein politischer Fehler. Man müsse eine globale postkoloniale Perspektive entwickeln. Deswegen müsse man das Humboldt-Forum, das neu eröffnete Museum auf dem symbolträchtigen Ort im Zentrum Berlins, verkleidet mit der Rekonstruktion des Berliner Stadtschlosses, einfach wieder abreißen. Sie bleibe optimistisch.[34]

„Es gibt eben unterschiedliche Arten Selbstlob", hatte mein sarkastischer Begleiter im Kunstmuseum beim Hinausgehen gesagt, als wir unsere Mäntel anzogen. „Deswegen gibt es vielleicht auch ganz unterschiedliche Konzeptionen für Museen, je nach Nationalstil. Der deutsche Stil: Ermahnung und moralische Predigt als Selbstlob. Der österreichische Stil: Satirische Überspitzung als Selbstlob. Der schweizerische Stil: Selbstlob als Selbstlob."

Wie die monumentalen Stelen von Hammurapi und Ashoka und die Tempel und Schatzhäuser der klassischen Antike wollen Museen unübersehbar gebaute Ewigkeit sein. Nichts hier drin wird je mehr verschwinden, sagt jedes Museum, und am allerdeutlichsten sagt es das mit seiner äußeren Dekoration. Die Säulen und das klassizistische Dekor der großen Museumsbauten des 19. Jahrhunderts wurden deshalb im 20. Jahrhundert einfach weiter gebraucht. Im 21. Jahrhundert tauchen sie in neu gebauten Museen wie der Pinakothek der Moderne in München

---

33 Lagatz, Savoy und Sissis (Hg.), Beute; Dolecalek, Savoy und Skwirblies (Hg.), Beute.
34 Interview mit Noa Ha in der Berliner Zeitung, 31. Dezember 2021: https://www.berliner-zeitung.de/wochenende/noa-ha-ich-bleibe-optimistisch-man-sollte-das-humboldt-forum-abtragen-li.201816, zuletzt aufgerufen am 23. März 2023.

von 2002 und dem neuen Zürcher Kunsthaus von Chipperfield von 2021 wieder auf, zusammen mit den riesigen langen Treppen und den dicken Steinplatten, die in gewisser Weise gar nie dick genug sein können als Hülle für eine Institution, in deren Inneren die Zeit stillstehen soll. Das Gold sagt: unkorrodierbar. Die harte Hülle sagt: Tresor. Man könnte auch Bunker dazu sagen.

Bei den Museen für moderne und zeitgenössische Kunst führt das zu dem Paradox, dass sie im Namen der Schönheit und der Ewigkeit heute als öffentliche Protzschaufenster für Steuerhinterziehung und Geldwäsche funktionieren – in den Schweizer Museen genauso wie in der Wiener Albertina. Sie zeigt heute neben den alten Zeichnungen und Stichen auch die umfangreiche Kunstsammlung jenes Liechtensteiner Rechtsanwalts, Anlageberaters und Treuhänders, der als Erfinder der Familienstiftung gilt, einer juristischen Konstruktion, mit dem sehr Wohlhabende ihr Vermögen der Besteuerung entziehen konnten. Herbert Batliners Stiftungen wurden auch benutzt, um illegale Parteispenden zu verschleiern. Ein Verfahren wegen Beihilfe zur Steuerhinterziehung in Höhe von 250 Millionen Euro wurde 2007 gegen eine Zahlung von zwei Millionen Euro eingestellt.[35] Im selben Jahr ging seine Kunstsammlung in den Besitz der Albertina über und bildet seither dort den Kern der Dauerausstellung.

Wie viele der Museen, von denen weiter oben die Rede gewesen ist, von denen in Vevey und Südtirol bis zu München und Zürich ist auch die Albertina ein aufschlussreicher Testfall für die häufig und vollmundig vorgetragene Behauptung, jedes Museum sei „ein einzigartiger Ort, an dem Dinge zu erfahren sind wie nirgends sonst" und ein „Ort des Widerstands", der zu „den wenigen gesellschaftlichen Freiräumen" zähle.[36] Museen lassen sich realistischer als ästhetische Kokons beschreiben, aus denen alles Unpassende sorgfältig ausgeschlossen worden ist, und als optimierte Menschenpumpen: Einkaufszentren, die möglichst viel zahlende Besucher an stiftende Sponsoren verkaufen. Im Fall der Albertina ist das schön visualisiert durch die unübersehbar in den öffentlichen Raum geschobenen Rolltreppen, die ihre Besucher in den Eingang im ersten Stock des barocken Gebäudes befördert.

Die Museen, die in der Mitte des 19. Jahrhundert zu Zwillingsgeschwistern der Warenhäuser und Weltausstellungen wurden, haben am Beginn des 21. Jahrhunderts selbst neue Doppelgänger bekommen. Es sind jene ehrfurchtgebietenden Institutionen, die die Schriftstellerin Joan Didion „die Pyramiden der Wirtschaftswunderjahre" genannt hat – Shoppingcenter. Auch ihre Vorläufer waren die Weltausstellungen und Vergnügungsparks, und wie sie verdichten sie Versatzstücke und Dekorelemente aus so unterschiedlichen Orten und Zeiten wie möglich zu ei-

---

35 Hans Leydendecker, Der Fall Batliner, in: Süddeutsche Zeitung, 20. Januar 2009.
36 So emphatisch in der Einleitung von Tyradellis, Müde Museen, 14.

ner künstlichen Topografie, um auf einem Minimum an Fläche so effizient konzentrierte visuelle Reize wie möglich zu schaffen: das Beste von allem, nur ein paar Schritte voneinander entfernt.[37]

Nur sind die vermeintlich übersichtlichen guten alten Zeiten der Hochmoderne, in denen die guten Architekten Museen entwarfen und die schlechten Shoppingcenter, vermutlich unwiderruflich vorbei. Wir sind im Nachhinein angekommen, der Zeitzone, in der man immer klüger ist als vorher, einem das aber nicht unbedingt etwas nutzt, und wir erleben verblüfft das langsame Schrumpfen der Einkaufszentren. Mit ihren leerstehenden Ladenflächen, hat der Essayist Andrew O'Hagan formuliert, begännen sie sich in Brachen der Konsumgesellschaft zu verwandeln – in „churches of boredom".[38]

Als ich ein Jahr nach meinem letzten Besuch im Winter 2022 wieder durch den Museumsshop des Zürcher Kunsthauses wanderte, waren die Bücher über die Geschichte der Sammlung Bührle immer noch da. Die dicken schwarzen Sammelbände über Raubkunst und „Beute" waren allerdings verschwunden. Dafür konnte man dort Wolldecken (von Designern), Seife (von Künstlern), Socken mit der Aufschrift „Shine Bright" und Dekoration für Weihnachtsbäume kaufen. Dazwischen lag eine große Karte in Punk-Ästhetik auf, mit gesprayter Schrift und grob gerasterter Typografie: „Alle für die Kunst!" Ich soll Mitglied im Unterstützungsverein werden. Zehn Prozent Rabatt im Museumsshop sind inbegriffen.

Und die Lektion daraus? Was Museen in erster Linie ausstellen, sind nicht die unersetzlichen Kunstgegenstände und die historischen Überreste von früher, sondern ihre eigene Glaubwürdigkeit als Institution. Die wollen sie ihren Besucherinnen und Besuchern zeigen, und im zweiten Jahrzehnt des 21. Jahrhunderts heißt das eben – ganz im Gegensatz zu den 1980er oder 1990er Jahren – dass die Museen ihre eigene Gewaltgeschichte herzeigen müssen, z. B. ihre Provenienzforschung über den Erwerb der Schätze aus erzwungenen Verkäufen und Raub.

Das – und nur das – verleiht ihnen Legitimität. Und nur so können die Museen ihre Funktionen als sakrale Räume, Kokons und Shoppingcenter weiter erfüllen und halbwegs überzeugend weiterhin so tun, als befänden sie sich außerhalb kommerzieller Marktbeziehungen. Mit den antiken Tempeln und den mittelalterlichen Kirchen haben sie gemeinsam, dass sie ihren Geldgebern breite Sichtbarkeit einräumen, mit Stifterbildern, Privatkapellen und den Marmortafeln mit den eingravierten Namen, in goldener Antiqua.

---

37 Alexandra Lange, Meet Me By the Fountain: An Inside History of the Mall (London: Bloomsbury 2022).

38 Andrew O'Hagan, Short Cuts, in: London Review of Books, 15. Dezember 2022, 11.

7 In der Eisgrotte

Letzter Szenenwechsel: September 2022, Tagung im Goethe-Nationalmuseum in Weimar. Dort wird heute die älteste Stiftertafel von der Gründung 1885 gezeigt, und die neueren auch, alle auf Marmor, beschriftet in Goldbuchstaben in Antiqua. So eine Stiftertafel gab es dort auch 1935, der Reichskanzler bekam auch eine eigene Büste im Eingang zum Museum. Die wird allerdings nicht mehr gezeigt. „Sind die Tafeln von Hitler eigentlich noch da?" hat auf der Weimarer Tagung ein Museumsfachmann im Publikum vor mir seinen Kollegen halblaut neugierig gefragt. Könnte man in Wien, München und Berlin eigentlich auch fragen. Nur tut das bisher keiner.

Die unpassenden Stiftertafeln von früher werden eben nicht ausgestellt.

Und auf den Marmortafeln von heute steht natürlich nicht mehr der Führer, sondern Staatsrepräsentanz und Sponsorinnen und Sponsoren, aber genauso unübersehbar, und sie hängen überall in den Eingangshallen der Museen, von Wien, Zürich und München bis nach New York und Colombo. Auf ihnen kündet die Institution von sich selbst: Wer dem Museum spendet, befördert ein umfassendes immaterielles Gut, so wie vor tausend Jahren die Feudalherren den Klöstern gestiftet haben. Deshalb ist dieser geschützte Raum, innerhalb dessen die Welt immer in Ordnung bleiben wird, ein so verlockendes Schaufenster für öffentliche Selbstdarstellung. Am Ende seines Buchs zitiert der Ausstellungsmacher Daniel Tyradellis einen anderen Ausstellungsmacher, Harald Szeemann. „Das Museum" hat der 1994 geschrieben „als Gefrierort der Prozesse (...) Das Museum als Drohung: Warte nur: Dir zeige ich es, ich gründe ein Museum."[39]

Museen sind Tiefkühltruhen und gleichzeitig unersättliche hungrige Trophäensammlungen. Deswegen treten sie so gerne als moralische und kritische Institutionen auf. Noch einmal: Goethehaus, Weimar. Je nach materiellem Gegenstand ist dort der Goethe-Gehalt sehr unterschiedlich hoch. Während der Schreibtisch (schon wieder ein Schreibtisch) unverändert an dem Ort und in dem Zustand geblieben ist, wie der Dichterfürst ihn verlassen hat, sind andere Zimmer vollständige oder teilweise Rekonstruktionen von Rekonstruktionen, in denen sich unterschiedliche Zeitschichten mischen. Das Haus wurde nach Goethes Tod von seinen Nachkommen bewohnt und teilweise weitervermietet und erst 1885 in ein Museum umgewandelt. 1913 wurde eine Heizung eingebaut, 1945 wurde es von einer Bombe schwer beschädigt, etwa ein Viertel des Hauses war komplett zerstört. In den unmittelbaren Nachkriegsjahren wurde es so täuschend ähnlich rekonstruiert, dass es ab Mitte der 1950er Jahre als „vollständig erhalten" wieder zum au-

---

39 Harald Szeemann, Zeitlos auf Zeit. Das Museum der Obsessionen (Regensburg: Lindinger & Schmid 1994), 374.

thentischen Berührungsreliquiar werden konnte, zuerst in der DDR, dann in der BRD.

Museen sind Reliquienschreine, mit ihren Vitrinen für die Überreste. Und sie sind Container für Container, Behälter für Behälter, denn sie sind voller weiterer kleiner Betrachtungskokons. Diese Zeitkapseln aus Stein und Beton sollen ihre eigene Funktion als Schutzraum ebenso ausstellen wie ihre Zugänglichkeit und Transparenz. Am liebsten wären die Museen durchsichtige Bunker, könnte man sagen. Sie sind deshalb nicht nur Tresor, sondern auch Panikraum. Sie versprechen dem Publikum, es vor dem Verlust zu beschützen, der längst eingetreten ist.

Das sind eine ganze Menge Aufgaben. Kein Wunder, dass die Museen in den letzten zwei Jahrhunderten dauernd umgekrempelt wurden und immer mehr geworden sind: Man braucht eben ständig neue aufdatierte Varianten der Ewigkeit. Weil die Museen Gegenzauber zum Verschwinden sind, braucht man in Wirklichkeit eigentlich alle 20 Jahre ein neues Museum – es muss nur aussehen wie seine Vorgänger, mit langen Treppen und ganz vielen Säulen davor. Eigentlich könnte man die Museen deswegen auch aus als temporäre Installationen konzipieren, aus Fertigteilen, Holz und bemaltem Gips, der aussieht wie Granit und Marmor: wie die Verkaufspavillons auf den industriellen Weltausstellungen des 19. Jahrhunderts – ihre Zwillingsgeschwister, ihre heimlichen (oder auch nicht so heimlichen) Vorbilder.

Zeitkapseln gibt es ja wirklich. Sie sind aber luftdicht verschlossen, und ihr Inhalt ist unsichtbar. Sie müssen außerdem an unzugänglichen Orten angebracht werden – entweder tief unter der Erde oder hoch auf Kirchturmspitzen, wie überall in Europa in den letzten 400 Jahren. Damit wären wir bei den Paradoxa des Herzeigens von Dingen von früher. Kostbares altes Zeug präsentieren heißt, es unwiderruflich zu verändern. Die Kuratoren sagen dazu bei der Führung gerne immer wieder ein- und denselben Satz: „Die Dinge sollen zum Sprechen gebracht werden."[40]

Aber nicht zu laut. Denn jedes Museum stellt unfreiwillig den extrem verlangsamten Zerfall seiner Exponate aus – ihr Verschwinden, wenn auch in Superzeitlupe. Die Besichtigung der Vergangenheit ist voyeuristisch. Besucher und Betrachter verändern die fragilen Objekte ihrer Neugier und zerstören sie langfristig – das gilt für Höhlenmalereien aus dem Paläolithikum, spätgotische Gemälde, Holzschnitzereien und Tapisserien ebenso wie für das Goethehaus in Weimar, das durch die ständig wachsende Zahl seiner Besucherinnen und Besucher unwiderruflich kaputtgeht.

Weil ich in der Schweiz wohne, würde ich dieses Paradox der Präsentation historischer Überreste gerne das *Prinzip Rhonegletscher* nennen – ein riesiges

---

40 Dazu die sarkastischen Bemerkungen bei Tyradellis, Müde Museen, 164 und 166.

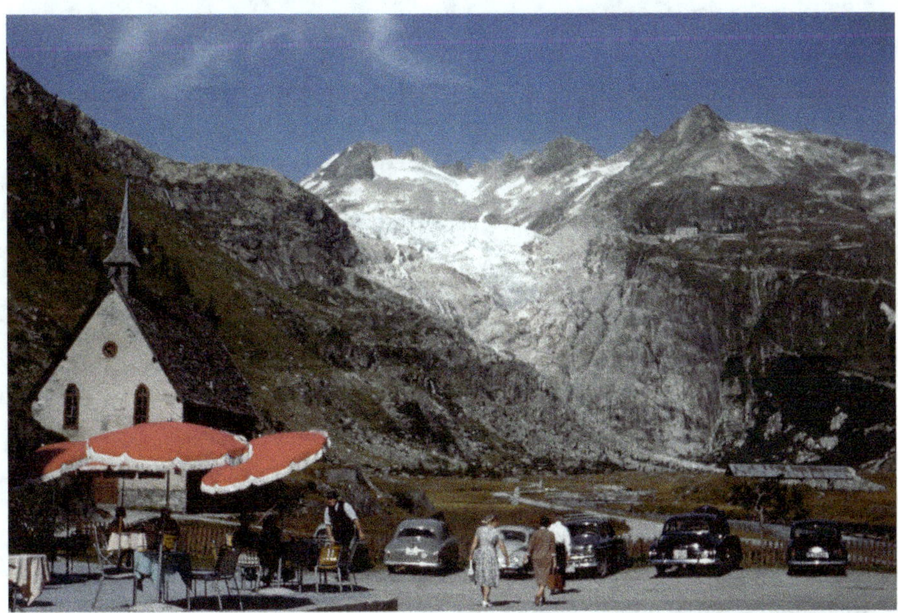

Abb. 2: Gletsch, anglikanische Kapelle und Panorama des Rhone-Gletschers, circa 1960, CC BY 2.0 durch foundin_a_attic für flickr.com.

leuchtendes Stück Eis hoch oben in den Bergen, der zusammengepresste Schnee von vielen Jahrtausenden. Das will man anschauen, deswegen baut man zuerst eine Straße hinauf und stellt dann zwei große Hotels davor, es soll ja komfortabel sein. Dann bohrt man eine Eisgrotte hinein, damit man wirklich hineingehen kann in die stillgestellte Zeit, in diesen riesigen Wasserfall in Zeitlupe. Der Rhonegletscher ist eine der ältesten Fremdenverkehrsattraktionen Europas, seit gut 150 Jahren. Aber von diesem Erfolg schmilzt er immer schneller.

Das passiert aber nicht nur Gletschern, sondern auch menschengemachten Landschaften und Städten. Wenn etwas zum UNESCO-Weltkulturerbe erklärt wird und unter den Schutz dieser internationalen Organisation gestellt wird, beginnt es dramatisch viele Besucher anzuziehen und wird dadurch anders – und zwar sehr schnell. Aber es wird dadurch sehr echt: Denn authentisch wird etwas dadurch, dass man erstens Schlange stehen muss, um es zu besichtigen. (Es darf nicht jeder und immer in den Kokon, in die Zeitkapsel.) Und zweitens dadurch, dass man es nicht anfassen darf.

Blöderweise hat die Digitalisierung und die unendlich schnelle Verbreitung unendlich vieler Fotos in den sozialen Medien, wie schon die Vervielfältigungstechnik Fotografie vor 150 Jahren, die allgemeine Lust aufs Hinfahren und Anfassen des Echten von Früher nur noch mehr gesteigert. Museen sind Tourismusmagnete, und nein, das wissen wir jetzt auch, die zwei Jahre Reisepause wegen Covid-19 haben kein Umdenken in Bezug auf Overtourism und globales Reisen erzeugt: im Gegenteil.

Also nicht weniger, sondern mehr Verschwinden, auch wenn nimmermüde Gedächtnis- und Unterhaltungsinstitutionen mit großen Werbebudget mir beharrlich das Gegenteil versprechen. Die Gletscher schmelzen trotzdem unaufhaltsam, und die Vergangenheit wird immer vergangener. Ist einfach so. Jeder Mediziner wird ihnen erklären, dass amputierte – also verlorene und verschwundene – Körperteile ihrem Besitzer richtig weh tun können. Weg ist weg, aber das tut weh, und dagegen versprechen Vergangenheitsbesichtigungsinstitutionen Abhilfe. Museen sind deswegen nicht nur Tempel, Reliquienschreine und Bunker, sondern auch Sanatorien, Kliniken zur Behandlung von Phantomschmerzen.

Öffentliche Gedächtnisinstitutionen wie Museen haben einen Bildungsauftrag. Public History als Wissenschaft hat einen Forschungsauftrag, das ist nicht genau dasselbe. Sie beschäftigt sich mit der Vergangenheit der Geschichte, um auf unsere Unterscheidung vom Anfang wieder zurückzukommen; also damit, wann und wie etwas zum ersten Mal dokumentiert worden ist, unter welchem Umständen und für wen. Dazu kann man auch *reverse engineering* sagen. Das klingt sehr schick, in der Praxis erzeugt es aber etwas, was man den umgekehrten Midas-Effekt nennen könnte: Was Historikerinnen und Historiker in die Finger gerät, hört sehr schnell auf, wie Gold zu glänzen, sondern verwandelt sich in Asche und staubiges Papier. Wir sind die Ernüchterungswissenschaft.

Und das Authentische? Charakteristisch für die Vergangenheit ist, dass sie eben nicht unbegrenzt rekonstruiert, reproduziert und weitererzählt werden kann. Als Historiker würde ich ohnehin vorschlagen, das Wort Authentizität durch Nachprüfbarkeit zu ersetzen – und wo das keinen Sinn macht, einfach darauf zu verzichten und stattdessen zu sagen: Willkommen bei den Zauberkunststücken.

Damit wären wir wieder bei der Frage aus dem Film über die Zauberer von Christopher Nolan, „Prestige", mit der ich begonnen habe. Was ist eigentlich der Trick, und was die Ablenkung?

Valentin Groebner
Zeitverschluss | Frozen Time

Vienna Public History Lectures

———

Edited by Marko Demantowsky
in cooperation with the Faculty of Historical and
Cultural Studies of the University of Vienna

Band | Volume 1

Valentin Groebner

Zeitverschluss | Frozen Time

Das Museum als Panikraum |
Museums as Panic Rooms

Translation from German: Carina Siegl

DE GRUYTER
OLDENBOURG

ISBN 978-3-11-123357-4
e-ISBN (PDF) 978-3-11-123492-2
e-ISBN (EPUB) 978-3-11-123513-4
ISSN 2940-7222

Library of Congress Control Number: 2023936813

Bibliografische Information der Deutschen Nationalbibliothek
Die Deutsche Nationalbibliothek verzeichnet diese Publikation in der Deutschen Nationalbibliografie;
detaillierte bibliografische Daten sind im Internet über http://dnb.dnb.de abrufbar.

The Deutsche Nationalbibliothek lists this publication in the Deutsche Nationalbibliografie;
detailed bibliographic data are available on the Internet at http://dnb.dnb.de.

Einbandabbildung | Cover image: [M] Britta Zwarg [Font] Glass Antiqua by Denis Masharov
Satz | Typesetting: bsix information exchange GmbH, Braunschweig
Druck und Bindung | Printing and binding: CPI books GmbH, Leck

www.degruyter.com

On the Series

Finally, allow me to say a few words about our lecture series, the "Vienna Public History Lectures", which lends its name to the book series of which this is the first volume. Once a year, in the 'bleak month of November', the Faculty of Historical and Cultural Studies at the University of Vienna and the chair for Public History invite the public to congregate in the university's grand ceremonial hall. Each year, our mission is to offer some light in the face of the approaching darkness of the winter term by giving a voice to intellectual, albeit academically unorthodox ideas. The aim is to transcend the structures and rules imposed by academic tradition. Let us open the door to what we might call 'intellectual border crossing'! Perhaps it will remind us of the optimistic and (hopefully) still relevant idea of Europe: unrestricted freedom of movement for those whose work is to think; general legalisation of all other contrabands of academic reputation; a friendly and welcoming attitude towards all things foreign so that they may enrich the everyday and the familiar.

In terms of content, this openness is directed towards 'public history', which might be defined as 'the public engagement with history'. Public history has its own history and it continues to generate impactful stories. The origins of these stories tend not to be recognised for what they are; usually, they remain unconsidered. The "Vienna Public History Lectures" are aimed at an interested public; they are by no means strictly academic. Rather, we endeavour to invite speakers who, in their writings, have proven time and again how commonplace but, at the same time, how significant and how invisible these stories are in all our lives. We seek to provide a platform for those who are unafraid of crossing the borders between research and poetry, between science and literature, between freelance profession and academic office. This series aims to transcend the disciplinary boundaries of historical and cultural studies, both internally and externally. We extend an invitation to everyone who is interested to join us and share in this process of public conversation and reflection.

Marko Demantowsky, Vienna, February 2022

https://doi.org/10.1515/9783111234922-101

Contents

Is all lost? – An introduction

According to fairly reliable estimates, a total of 108 billion people have once lived and are currently living on our planet. Of these, 7 per cent are (still) alive.[1] Every one of them is an individual with proper rights, with their own world of fantasies, hopes, experiences, and expectations. Every one of them was – or still is – part of the imaginative and emotional worlds of others. Each individual was and is a cosmos in themselves and in their social sphere. And yet, how many of these 108 billion people – it's a pity we don't know more precisely how many there really were – do we remember? How many names do we still recognise? How many biographies do we know; how many *can* we still know? How much is left of these miraculous beings who have faded from existence?

It is painfully obvious that only a microscopic percentage remains and, often, what is left preserves the remembrance of those who are not particularly deserving of being remembered. Countless stories of the heroines and heroes of everyday life will never be told. What is the meaning of these irretrievable biographies, the forgotten achievements without which none of us could spend our days sitting comfortably, reading or writing, properly clothed, unbothered by hunger and thirst? Upon the death of the last person whom we have met – or at least the death of the last person who has been told about us by one of our loved ones – we enter a phase which Jan Vansina calls the "floating gap"[2]: we are preserved in photos, texts, and official documents, until these photos, texts, and documents are removed to make space for new, more important things. We can all picture ourselves looking out the kitchen window to the bins lining up at the kerb, filled with lost memories.

I am sorry to inform you that very few of you, my esteemed readers, will still be remembered in times to come. Contrary to common beliefs, oblivion catches up even with those who are deemed unforgettable by their contemporaries: professors, journalists, painters, poets as well as their lives' works – even if there is still a copy kept in some library's hidden shelf or an archive's bottom drawer. These grand characters may become the subject of some scholar's historical research, the focus of an individual's obsession, as long as our understanding of doing research is still entertained by future generations, that is.

---

1 Jan Osterkamp, Wie viele Menschen haben bisher insgesamt auf der Erde gelebt? in: Spektrum. de, 10 March 2014. https://www.spektrum.de/frage/wieviele-menschen-lebten-auf-der-erde/1253576 (last accessed 5 March 2023).

2 Jan Vansina, Oral tradition as history (Madison, Wis: University of Wisconsin Press, 1985), 23–24 et ibid.

https://doi.org/10.1515/9783111234922-103

It is a dilemma for cultural scientists, historians, and all experts of cultural memory institutions, as they are the custodians of collective remembrance, the guardians of memory and the retrieval thereof, the observers of the eternal passing, filtering, sorting out, and re-arranging of what is left of the past.

Indeed, there is reason to grieve in face of this loss – the *futsch*, which the following text expounds. This curse is intrinsic to human experience and humanity's gift of intelligence and imagination.

None of this is news, of course, even though we seem to become increasingly reluctant to face these essential human truths: dying, death, forgetting and disappearing, the senseless and the vain. In recent years, people have been surrounding themselves with ever more powerful storage media, spun into a cocoon of preservation. Everything is recorded, everything is photographed, everything is published and proclaimed; so many things seem so important to so many people. We are suffering from an oversupply of recording and from a lack of volatility, one might argue.

Religion has provided a variety of answers to this problem of disappearance. Our knowledge thereof relies on the traditions of some millennia, however, which is an absurdly short period of time considering the enormous entirety of human history. Undoubtedly, only a fragment of these religious responses to the suffering caused by inevitable loss and forgetting remains. Religions have tried to remedy it by constructing horizons of eternity and permanence. There is comfort and meaning to be found in the idea that we are part of a divine plan of salvation in the face of our sense of being permanently endangered by the absolutism of reality (Hans Blumenberg[3]).

In the cultural sphere of Dharma with its basic concept of *samsara*, disappearance and being made to disappear could itself be understood as an element of divine world order, not just as a regrettable inevitability. In the incarnations of Shiva, loss was considered worthy of worship; millions celebrate it each year during the great festival of Maha Shiva Ratri. In Chinese culture, there is a similar tradition of rite and worship of Meng Po, the goddess of forgetting.[4]

What about us, however? A large number of Europeans today[5] live without any faith in divine salvation, and it seems plausible to assume that the same is true of many people who, formally, are still members of a Christian church. Does that mean that we are sentenced to a destiny of meaningless toil and disappea-

---

3 Hans Blumenberg, Arbeit am Mythos (Frankfurt am Main: Suhrkamp 1996).

4 Marko Demantowsky, The Dark Side of the Moon. Cultural Oblivion, in: Public History Weekly 4 (2022), https://doi.org/10.1515/phw-2022-19775.

5 Bundeszentrale für politische Bildung, Religionszugehörigkeit, in: bpb.de, 22 February 2019, https://www.bpb.de/kurz-knapp/zahlen-und-fakten/europa/70539/religionszugehoerigkeit/ (last accessed 5 March 2023).

rance? After all, there still are philosophers who have not yet taken on the great questions of finding meaning in this world – one of them was Hans-Georg Gadamer, who taught us about what he called *Wirkungsgeschichte*.[6] On the one hand, as many of you will know, *Wirkungsgeschichte* is the history of impact: the history of how something that may have seemed unimportant at some point can turn out to become incredibly impactful over time. And, at the same time, it is the history of the process of becoming effective, because a narrative needs a substrate, an object. In the case of impact on the real world, narrative and its object share a special, fluid relationship.

I want to draw attention to the meaningful things we try to do in our everyday life. It would be devastating to assume that our constant efforts are condemned to remain utterly ineffective. Sisyphus' fate is more of a portent than a consolation, in that regard. Gadamer might argue that the effectiveness of our actions is uncertain, that there is a chance of relevance – which is a question of luck as well as skill. In the face of those 100 billion fellow human beings who live and have lived, our actions may seem insignificant to us, but insofar as they are meaningful or turn out to be meaningful over time, there is still a chance that they will become part of the artificial eternity which we call culture. This understanding goes beyond names and dates to focus on the quality of everyday actions. Personally, I consider it to be a sensible way of making the inevitability of disappearance bearable. Experts of memory may filter this process of loss regarding objects that are part of historians' daily practice, but they may never stop it. Nonetheless, this perspective might provide us with meaningful autonomy from being crushed by the weight of a billion other fates.

In May of 1789, Friedrich Schiller described this – or rather: proclaimed this – amid the euphoric atmosphere of the Jena Spring, albeit with a much more optimistic outlook regarding the life of the individual than I am able to offer. In the face of world events, the euphoric exuberance of invoking faith in a bright future of continuing progress subsided in the years to come, but the idea remained intact, as suggested by Gadamer:

> "Which one of you, in whom a bright spirit is united with a sensitive heart, could recognise this great obligation without feeling a silent desire stirring in him to pay the debt to the *coming* generation which he can no longer pay to the past? A noble desire must arise in us to dedicate our own means to the rich legacy of truth, morality and freedom which we received from the previous world and which we must pass on ourselves, richly increased, to the

---

6 Hans-Georg Gadamer, Hermeneutik: Grundzüge einer philosophischen Hermeneutik (Tübingen: J. C. B. Mohr, P. Siebeck, 1990), 305–312.

world to come, and to fasten our fleeting existence to this imperishable chain which links all generations of men."[7]

The author

Valentin Groebner has good reason to be optimistic about his own chances of entering cultural memory and staying there for a very long time. It is fitting that, as the first author of our "Vienna Public History Lectures", he is a Viennese original. Born in the Austrian capital in 1962, he spent his youth in the city until his studies set him on an adventurous path out into the wider world. He has been a professor of history at the University of Lucerne for many years. It is a temporary end of a long, impressive academic career which has taken him to Bielefeld, Florence, Harvard, and Paris. In addition to his numerous academic publications, he has published a number of essays in which he has been transcending the traditional lines drawn between what is considered 'history' and the 'present' – and which role 'the public' may play in this process.

I would like to express sincere thanks to the following for their support:
- Deutschlandfunk Kultur
- De Gruyter Academic Publishers
- The Faculty of Historical and Cultural Studies, most importantly the Dean Christina Lutter and the Faculty Manager Herbert Kamleitner
- The staff of the Public History Department, Dr Barbara Pavlek Löbl, Carina Siegl, and Iman Elghonemi

The lecture on which this publication is based was recorded and broadcast by Deutschlandfunk Kultur.[8] In addition, the lecture was recorded on video, so the entire event can be watched on YouTube.[9]

Marko Demantowsky

---

7 Friedrich Schiller, Was heißt und zu welchem Ende studiert man Universalgeschichte? In: Sämtliche Werke in fünf Bänden, Vol. IV, edited by Herbert G. Göpfert and Peter-André Alt (München: Dt. Taschenbuch-Verlag, 2004), 749–67, here 766 f.

8 Futsch – Über Geschichte und Verschwinden, in: Deutschlandfunk Kultur, 20 November 2022. https://www.deutschlandfunkkultur.de/geschichte-und-verschwinden-100.html (last accessed 5 March 2023).

9 Valentin Groebner: "Futsch! On History and Disappearance", Vienna Public History Lecture 1, 2022. Vienna Public History Lectures. Vienna, Grand Ceremonial Hall of Vienna University, 2 December 2022. https://youtu.be/1GYF_kMsxT4 (last accessed 5 March 2023).

Frozen Time

Museums as Panic Rooms

Arrival

I took the night train to Vienna. It was running late, which gave me time to think. While I was waiting, I realized that, as a professor of history, I am a travelling magician in a way, one who is never on time.

Every magic trick means "playing with time", according to the website of magician Alex Porter. Professional magicians like Porter make things disappear right before the eyes of the audience – an animal, their assistant, the ring on an audience member's finger, entire buildings; even themselves, like in Christopher Nolan's 2006 film "The Prestige" which is based on the true story of two magicians who became bitter rivals at the end of the 19th century. "The missing man must reappear before the audience can even applaud," one of Nolan's experts proclaims.[1] Every magic trick is based on distraction: but can we really tell which is which?

Historians are illusionists. We, too, like making ourselves disappear, and we, too, are in a race against time – only for us it is the other way round: with the help of old texts and new images, we conjure up from the past what has disappeared forever. We create powerful imaginings, at any rate, so that every spectator leaves fully convinced that they know exactly what it was like in ancient Rome or in the Middle Ages of the Babenbergs and the Habsburgs or in Renaissance Florence.

---

1 Thanks to Severin Groebner for the reference to "The Prestige" and to Matthias Wittmann for his expertise in film studies. See Katharina Rein, 'Are you watching closely?' Magie und Medien in Christopher Nolans The Prestige, in: Simone Brühl and Jakob C. Heller (eds.), Re: Medium. Standortbestimmungen zwischen Medialität und Mediatisierung (Marburg: Tectum, 2012), 145–165.

https://doi.org/10.1515/9783111234922-104

The following is about some of the secrets behind these kinds of magic shows: the shows we conjure up in our own minds and the ones presented to us by specialists. Which artefacts from a time long lost are being shown to whom and where? Answering this question will require us to take a few leaps in time; we will be faced with cuts and quick scene changes, and we will hop on and off our ride to pay visits to past places. Because that's what magic is all about: out of nowhere, an object – and, with it, the attention of the audience – appears in the most unexpected place.

1 Futsch

The Renaissance is a fine example of how closely related the professional practices of historiography and magic may turn out. In 2018, Basel celebrated Jacob Burckhardt's 200th birthday. At this occasion, the great historian's desk was presented as a symbol of his ground-breaking significance – completely emptied, it had been transformed from being a working tool to becoming an altar and a relic of a past deserving of our veneration – and, additionally, a magical means of transport allowing us to travel to the master historian's reality. At least that is what the Swiss National Museum in Zurich explicitly promised when presenting the corresponding installation to the public: "Sit at Jacob Burckhardt's desk and immerse yourself in his world of images and thoughts."[2]

It is evident that, in the 21st century particularly that there are powerful objects promising their admirers to take them on a journey back in time – usually, these objects can be found in museums. Sometimes, however, they are so large that they are easily overlooked because you are *inside* of them – as is the case in the place I originally gave the lecture on which this text is based: the main building of the University of Vienna. In the 1870s, wildly determined historicist enthusiasts rebuilt an aesthetically homogeneous Renaissance which has only ever existed in the writings of Jacob Burckhardt. Or rather, as a replica created by the architect Heinrich von Ferstel between 1873 and 1884 – 400 years later, in retrospect.

---

2 www.jacobburckhardt.ch/desktop-jb-digital, an exhibition project at the Swiss National Museum in autumn 2018, last accessed on 2 January 2023. For more on this, see my essay: Renaissance als Gipfelgefühl. Bemerkungen zum 200. Geburtstag von Jacob Burckhardt, in: traverse. Zeitschrift für Geschichte – revue d'histoire 26/1 (2019), 147–165.

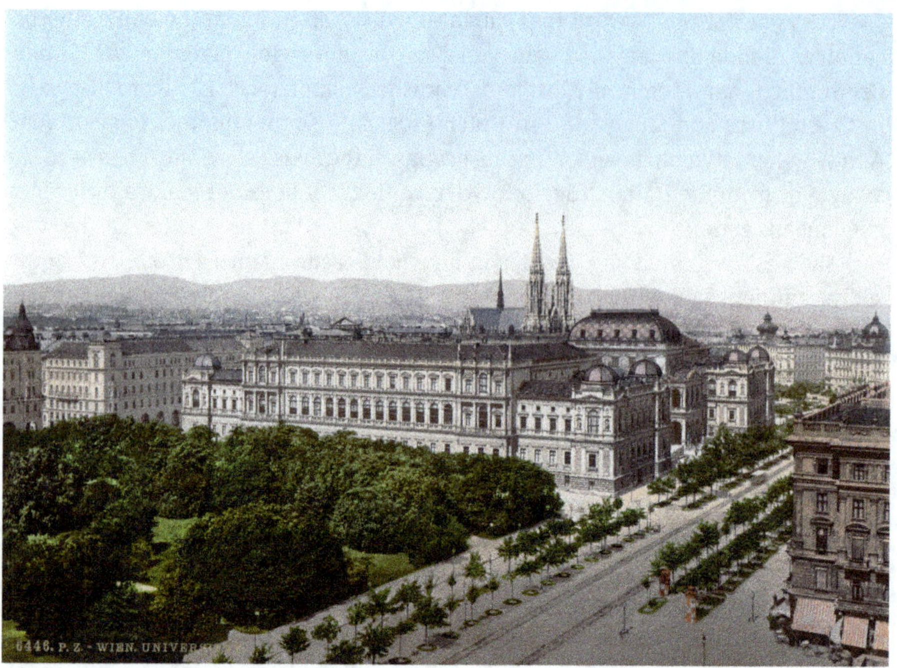

Fig. 1: University of Vienna between 1890 and 1900. Repository: Library of Congress Prints and Photographs Division Washington, D. C. 20540 USA; Reproduction Number: LC-DIG-ppmsc-09214.

In the following, I would like to take you to a special time zone called 'hindsight'. In hindsight, as we all know from our own experience, you are always right. Yet, sadly, there is nothing to be gained from that. In hindsight, we know exactly what we should have done, what we should have replied in an argument, how we could have solved our problems – but the situation is over. That's what makes it so tempting to stay in this special time zone we call 'hindsight' – you know exactly what is right and what is wrong; you are in possession of all the facts. At the same time, however, it's incredibly frustrating: it's gone forever and cannot be changed.

Public history – that is, the public and political engagement with history – is closely intertwined with this paradox. Two terms are central in the negotiation of the historical which, in everyday language, we tend to use synonymously: 'past' and 'history'. But these two words denote two very different ways of dealing with historical material, for the past is irrevocably gone – regardless of whether it's 600, 50 or three years ago, or, for example the distant year 2019. The past has radically passed: a huge glacier of frozen facts that continues to slide further away from us, fragments of time which have become forever inaccessible.

They are *futsch* – a word that caught linguists' attention at the end of the 18th century. "Suddenly vanished and gone" is the definition given in the famous Grimm Dictionary, "eternally lost to us, vanished completely". The word also exists in Czech ('fuč') and Slovak and in Dutch ('foetsi') – something that is over, gone. And whether, etymologically, it has its origins in the Swiss word 'futschen' – to slip away – or from the Italian 'fuggito' – to have fled –, it does not make a difference: gone means gone.

The past, we could say, resides in a remote castle named *Futsch*. The supposedly confident talk of one's 'own' past reveals, above all, a sense of helplessness in the face of its unattainability. The past can no longer be changed or repaired, nor does it know anything about all later efforts to make sense of it. History, on the other hand, is the representation of this absent past. History has to be narrated and presented, and that is why its protagonists are always very lively characters – particularly so, when we are telling the stories of people and events from the very distant past. History is the work of storytellers, which is why it is so comforting and easy to look at, to empathise with and to touch. Much like the tricks of magicians, history happens in the presence and the present of its narrators and their respective audience. Together, they engage with concrete objects and colourful details and, above all, there are feedback loops in which the narrators of the past and we, their listeners, find a place that we can inhabit retrospectively.

History's organising principles are patterns of recognisable features. "You've seen me many times," History whispers to her audience, appearing in the form of the neo-Renaissance Viennese university building, for instance, to take us back to where this lecture was first delivered. When construction works began in Vienna in 1873, workers came across the remains of the old city fortifications – they were discovered underneath an area that had previously been used as a parade ground. And there were other discoveries: even further down, beneath the city walls, were old mine tunnels and blast chambers dating back to the 17th century, the time of the second Turkish siege. So, that's the past – full of holes, gaps and voids that cannot be filled, except by telling tales and enriching them with new details as we do.

Picture yourself standing in the University's grand ceremonial hall, completed in 1884. Here, on November 19th in 1932, the Vienna University's newly elected rector, Othenio Abel, held his inaugural speech in which he emphatically professed his commitment to Greater Germany – yes, in 1932, you read correctly –, to the cheers of the National Socialist students' associations which had won the student elections the year before by a clear margin. At the University of Vienna, the National Socialist 'seizure of power' took place almost four months before the equiva-

lent event in Berlin's Wilhelmstraße; the notable difference being that, in Vienna, you will not find a single sign or plaque to remind us that it ever happened.[3]

18 years prior to that, during the First World War, this room had served as a dining hall to the huge military hospital that had been housed in the university at the time: that too is *futsch*, gone, no traces remain. However, there is another story whose traces are still clearly visible, namely that of the art scandal surrounding the ceiling paintings with which it was to be decorated. Franz Matsch had been commissioned for the painting on theology. Gustav Klimt was to provide the other three paintings for the Faculties of Philosophy, Medicine and Jurisprudence. When he first presented them in 1901, however, they were deemed inappropriate, obscene and pornographic by the art commission and the university management. When Klimt wanted to exhibit his work at the 1904 World's Fair in St. Louis, USA, the Ministry of Education intervened. As a consequence, Klimt annulled the contract and paid back his remuneration with the help of his patron, the art promoter and industrialist August Lederer, who bought the paintings.[4] In 1938, the paintings were taken – 'Aryanised' – from Lederer and purchased for the state by the Viennese Gauleiter Baldur von Schirach. In 1945, they were burned by SS units in Immendorf Castle in Lower Austria.[5] The original paintings are not part of what we call 'history' today, they belong to the past. They are gone forever: *futsch*.

As regrettable as this loss may be, historically speaking, the paintings took the normal course of all material things. Specialists of ancient history will know that the artefacts that remain are a miniscule percentage of the once enormous cultural production in ancient Greece and Rome. The vast majority of paintings, literature and philosophy are lost to us; mere ruins remains of all the sculptures and architecture. The same is true of medieval paintings; recent estimates suggest that about 95 per cent of paintings produced in Europe before 1500 are gone, *futsch*. Regarding printed texts, the situation is hardly any more uplifting. One third of all incunabula (that is, writings printed before 1500) have vanished and of another third only a single copy has survived. The figures for the industrial age are very

---

3 Klaus Taschwer, Stronghold of Anti-Semitism. Der Niedergang der Universität Wien im 20. Jahrhundert (Vienna: Czernin 2015), 144 and 158.

4 For details, the most recent publication is Friedrich Polleroß, Ein 'coloristisches Prachtstück' und ein 'geharnischtes Telegramm an den Rector': Gustav Klimt, "die Philosophie" und Franz Wickhoff, in: Materialien der Gesellschaft für vergleichende Kunstforschung in Wien 74/3 (2022), 17–23.

5 On the unexplained circumstances, see Tina Marie Storkovich, Verbrannte Klimtbilder: Das Puzzle von Immendorf, in: Die Presse, 18 December 2015; on the larger context, see Brigitte Schwarz, Auf Befehl des Führers. Hitler und der NS-Kunstraub (Darmstadt: wbg 2014), 56–82; and Hanns Christian Löhr, Das Braune Haus der Kunst. Kunstbeschaffung im Nationalsozialismus (Berlin: Gebrüder Mann), expanded 2nd edition 2016.

similar. The radio was the miracle medium of the interwar period but the vast majority of early radio broadcasts are gone. Considering cinema, half of all films produced before 1940 are irreversibly lost today, forever *futsch*.[6]

The same applies to the modern visual technology par excellence, photography. From the very beginning, the new technology was praised for its ability to create precise copies of reality and preserve them for posterity. In 1851, an enthusiastic contemporary wrote that photography's ability to freeze moments in time would provide irreplaceable services to future historians. In the 160 years that passed between the invention of photography and the end of the 20th century, some 140 million photographs were taken in Switzerland alone. According to estimates in 2014, of these images, little more than a third still exist today, – and these photos are decaying. The more recent they are, the faster they are decomposing in Switzerland, Austria and everywhere else.[7] The colour photos of my own adolescence in the 1970s are already faded and reddish, in ten years' time the images will be unrecognisable – which, in this case, I don't find that deplorable at all.

The same rule applies to today's miracle medium, the internet. Data must be constantly recopied, otherwise it becomes unreadable; like the floppy discs from the 1990s that I sometimes still find in the basement while tidying up. It's the same story regarding hard disks and servers. Here is a lesson from the history of technology: the more densely data is stored, the more fragile it becomes. Good luck to the millions of texts and jpg photos (which is a fairly unstable format) on social networks, is all I can say. A study from 2013 found that after only two and a half years, 30 per cent of all information on *Facebook* had become untraceable. In 2016, researchers presented the following sobering conclusion: mere fragments of the early history of *Second Life*, *MySpace* and *Instagram* can still be reconstructed; the original digital sources have become largely inaccessible.[8]

---

6 Ann Blair, Too Much to Know. Managing Scholarly Information before the Modern Age (New Haven/London: Yale University Press 2011); Valentin Groebner, Wissenschaftssprache digital. Die Zukunft von gestern (Konstanz: konstanz university press 2014), 42–65.

7 Fotobüro Bern (ed.), Überblick über das fotografische Kulturerbe in der Schweiz. Umfang, Zustand, Erschliessung und Bedeutung fotografischer Bestände in öffentlich zugänglichen Institutionen (Bern: Haupt 2014); also Nora Mathys et al. (eds.), Über den Wert der Fotografie. Wissenschaftliche Kriterien zur Bewahrung von Fotosammlungen, Baden: hier + jetzt 2013, 91–103 and Peter Geimer, Bilder aus Versehen. Eine Geschichte fotografischer Erscheinungen (Hamburg: philo fine arts 2010).

8 Valentin Groebner, Wie haltbar ist die Zukunft? Im Keller der Bibliothek von Alexandria, in: Jürgen Mittelstraß und Ulrich Rüdiger (eds.), Die Zukunft der Wissensspeicher (Konstanz: uvk 2016), 123–129; Niels Brügger, The Archived Web. Doing History in the Digital Age (Cambridge/Mass/London: Harvard University Press 2018).

2 Utterly Authentic

The loss of texts, images and data is the normal course of things, I said above. Yet, this great disappearance is the fuel and the libido driving the historical disciplines. Since the 19th century, it is the fragmentary nature of our source material that has been the central theme of historical research. It is perceived as a loss and a methodological challenge that must be met with ever more sophisticated techniques of reconstruction. In public history, the description of the past as a place which we can never access is always combined with a defiant 'nevertheless' the desire for restoration and re-visitability. That is why, today, we can see the three burnt Klimt paintings on the ceiling, as black and white reproductions based on photographs that were installed as part of an exhibition 2005. And if you want to see them in colour, you can look at the elaborate reconstruction which has been put on the internet by the charitable company *Alphabet* – formally known as *Google* – as part of the exhibition "Klimt vs. Klimt" in 2021.[9]

Thus, they have become history whose promise is to restore what has been lost. We are not good at accepting the past's constant disappearance. It instils in us a sense of embarrassment. We are longing to rewind, return, restore – 'undo' is the word used on old computer keyboards. That is the great promise of reconstruction: to start all over again, the real thing retrieved from the dusty past, served fresh.

The crucial competence of all historical disciplines, however, is to distinguish between what has irrevocably disappeared and what has subsequently been restored. It is what makes history – as well as art history, archaeology and their philological sister disciplines – a science: the well-founded and verifiable distinction between whether a relic actually comes from the period from which it claims to have originated or whether it has been manufactured at a later point. At the same time, this definitive and clear-cut distinction is always slightly scandalous. One could also say it is disillusioning or mortifying because it contradicts the audience's desire for unproblematic recycling of all the beautiful things and stories from the past.

History – meaning subsequent reconstructions and remakes – must be charged with truth functions. In the time of Jacob Burckhardt and Heinrich von Ferstl, the most popular word to describe this was 'spirit'. Contemporary critics enthusiastically certified the University of Vienna's main building to be a perfect representation of the 'spirit' of the Renaissance. In the same vein, the neo-medieval churches of the 19th century were said to embody the 'true spirit of the Gothic' – whatever that may be. In the 21st century, a new term emerged to describe this

---

9 https://artsandculture.google.com/project/klimt-vs-klimt, last accessed on 2 January 2023.

blending or mashing of past and history in the service of emotional flavour enhancement. You all know it: 'authenticity'.

The history of the word 'authenticity' is an extraordinary one and – unlike 'spirit', a word hovering over all sacred texts – it can be reconstructed fairly precisely. The word 'authentic' is a relic in and of itself. Its origins can be traced back to the ancient Greek word 'authentes', meaning 'single-handed', a legal vocabulary originally referring to violent crimes. In the 13th century, it acquired the meaning of 'real' or 'genuine'. After the conquest of Constantinople by Christian crusaders in 1204, Catholic Europe was flooded with relics from the sacked Byzantine metropolis. The provenance of a great many of these relics, however, remained – let us say: dubious. In 1215, the Fourth Lateran Council issued strict new rules as to which material remains of the Passion and the saints should be venerated. Attached to these select relics were 'authentica' – written decrees that these were the real bones of real saints. Hence, our modern understanding of the word originated in the veneration of relics. As with relics, 'authentic' as a quality is always used to describe something that can be reproduced and copied. 'Authentic' is one of those terms that tells us much more about the desires of the speaker rather than about the concrete characteristics of the signified.

This is relevant today more than ever. In the 21st century, historical buildings, objects and collections are no longer considered annoying remnants of the past, as was the case during the phases of intense modernisation in the 19th century. Starting in 1857, Vienna's historic city fortifications were demolished in no time and, along with them, plenty of perfectly preserved baroque and medieval houses. This is by no means a Viennese speciality; it was simultaneously happening all over Europe. This dynamic carried on at a similar pace in the 20th century, from Mussolini, who had entire medieval streets in Rome torn down, to the reconstruction after the Second World War.[10] Even in the 1950s and 1960s, people weren't at all squeamish about old architecture.

Today, historical remains are carefully guarded treasures, irreplaceable materialisations of collective self-images, national heritage and precious resources of tourist marketing. Therefore, they must be preserved at all costs and, if damaged by accident, they must be restored at all costs. This has been exemplified by the waves of media excitement over the fire of the *La Fenice* theatre in Venice in 1996, the *Anna Amalia* library in Weimar in 2004 and the roof truss of the cathedral of *Notre Dame de Paris* in 2018 (it had been invisible before, except for the ridge turret from the 1850s).

---

10 It was this large-scale destruction that first gave rise to the concept of monument preservation; see, for example Matthias Noell, Wider das Verschwinden der Dinge: Die Erfindung des Denkmalinventars (Berlin: Wasmuth & Zohlen 2020).

Considering the 21st century's understanding of itself as highly innovative and forward thinking, this sensitivity to loss has yet to be explained – also considering past practices: the builders of the Renaissance and the Baroque regarded demolishing the old to be entirely natural. Yet, even the industrial modernism of the 19th century made an effort to reconstruct medieval monuments that had been destroyed or it replaced them with new ones in the old style. *Fin-de-siècle* Vienna is full of examples of this – you won't find anything more Gothic than the *Votiv* Church and the Viennese city hall. Self-similarity is always created retrospectively, and that's why the Klimt faculty paintings had to be beamed back here. Vienna must remain Vienna – with Klimt, please.

3 Time Capsules

Today, 'musealisation' is the standard procedure of our public treatment of historical remains. But what are the consequences of preserving the testimonies of a past that is irrevocably gone, of putting them on display, authentically from the past but in top condition, like modern Vienna's Ringstrasse buildings from 1884 or 1911? And, if we no longer allow anything to become broken or lost, what happens to the old things that are exhibited in museums in the present?

To answer this question, we have to leave Vienna for a quick scene change. Some objects claim to be able to withstand the passing of time and remain forever. They appear to be indestructible because they are so robust, so massive, so monumental and expensive – like the columns of polished stone erected in the Middle East, Egypt and India in the first millennium BC. They are engraved with detailed inscriptions to commemorate the names, victories and legacies of their commissioners, weatherproof and everlasting. At least in theory. Today, the stelae of Hammurabi, Ashoka and their colleagues stand in museums.

In 1911, a large stone column was excavated near Galle on the southwest coast of Sri Lanka. It had been erected in 1411 by the Chinese admiral Zheng He. Its trilingual inscriptions praise the Hindu god Vishnu (in Tamil), Buddha (in Chinese) and the light of Islam (in Persian). They also include a list of the impressively costly offerings which the admiral had deposited in a temple on behalf of Emperor Yongle.[11] The pillar itself, however, remained invisible for over a century. It was only in 2013 that it was presented to the public in a grand ceremony at the National Museum in Colombo. According to the dedication by the Chinese ambassador, it

---

11 For more, see Louise Lavathes, When China Ruled the Seas: The Treasure Fleet of the Dragon Throne (New York: Norton 1994), and David Abulafia, The Boundless Sea (Oxford/New York: Oxford University Press 2019), 261–263.

was a symbol of the traditionally close relations between China and the Republic of Sri Lanka.

It is not surprising that the British founders of the National Museum did not know what to do with this exhibit, despite it being five hundred years old and one of a kind. The museum had been founded at the initiative of the governor of the then British colony of Ceylon. It was planned as an Italian Baroque palace and ceremoniously opened on 1 January 1877. Its most famous exhibits were the throne and crown of the King of Kandy, whose previously independent kingdom in the inner island had been conquered by the British Empire in 1815. But the memorial column of Galle also commemorated a conquest. On his third fleet expedition from 1409 until 1411, the imperial admiral Zheng He had militarily defeated the Sinhalese king. The king, who had previously opposed Chinese policy, was captured and taken to Nanjing, where he was beheaded. For this kind of imperial story, the British colonial administration found no use. Empires are reluctant to exhibit other empires' successes.

Museums do not display the past, they display history: they select what they wish to present to the public according to their own rules. What happens to their exhibits in the process? According to art historian Bénédicte Savoy, museums are places in which different times meet: firstly, our own, that of the visitors; secondly, the time in which the objects on display were created; and thirdly, a time period that tends to remain invisible, namely the time of the museum itself[12], for museums consider themselves to be vaults or cocoons inside of which time comes to a halt. When an object is presented in a museum, it enters a special zone of cloudy eternity. This time zone usually materialises in the form of a display altar encased in glass.

The glass of the display case may be transparent, yet looking through it we become blind to most of the history of the object on display. Just about all the things we admire in museums today were not created for public display. Some, like ancient temple sculptures or medieval altarpieces, were donations – gifts to religious institutions. Most historical exhibits presented in museums, however, were made to be sold, bought and used. They once were commodities. This is as true for the paintings of Peter Paul Rubens, Gustav Klimt and Jean-Michel Basquiat as it is for stuffed animals, aeroplanes and photographs. A museum is a museum because it makes price tags disappear. Museums are like zoos that fail to tell their visitors the price of the adorable penguin, alligator or iguana from Madagascar, all imported last year – which makes sense, given that they don't last for too long.

Museums present themselves as time capsules: what ends up in them not only forfeits the price tag, it is also no longer allowed to change. In November 2022, an

---

12 Bénédicte Savoy, Museen. Eine Kindheitserinnerung und die Folgen (Köln: Greven 2019).

exhibition titled "Everything disappears!" opened in Frankfurt's city museum. It was dedicated to the local artist Carl Theodor Reiffenstein who, at the end of the 19th century, captured the Frankfurt houses of the time in more than 2,000 drawings. With this exhibition, the museum delivers a beautiful paradox: disappearance has not disappeared. On the contrary, it can be inspected in museums.

Another change of scenery. "You must go there," my _friend_ had said, "or else you won't believe it." The villa in Vevey on Lake Geneva where Charlie Chaplin had spent the last decades of his life has now been converted into a museum. The living quarters are authentic, original and unchanged, visitors are assured, and the interior furnishings are exactly as they were when Chaplin last used them. But every single piece – vases, bowls, ashtrays – is glued to its exact location. In an underground annex, visitors can enter the recreated scenes of famous Chaplin films and take photos of each other. And so they do, cheerily. "It was the weekend," my _friend_ said, "completely packed."

That's what museums do: they use lots of glue and re-enacting. Museums are based on a similar principle as films are: they allow the viewer to see what they could not see otherwise. In films, you can look into the past and into the future; you can watch people with extraordinarily beautiful bodies undress, fight, do tricks and have sex. Since 1922, films show what normally you could not see: from burning cities, vampires, zombies, cowboys, right up to the historical creatures of film par excellence: the dinosaurs. The stories that are being told are changing, but the basic principle is of one of touching simplicity: the original, auratic, real thing from the forever vanished past. Museums, as exhibition organiser Daniel Tyradellis put it in a successful book in 2014, embody an atavism. Everything in them is designed to follow the traditional pattern. In the name of their own identity, they present their paying audience with a model of knowledge that belongs to the past. "Evidence", Tyradellis explains, "is an obstacle to thinking" – and the things on display become a trap to thinking.[13]

Museums, no matter what they exhibit, are therefore all kinds of things, but not museums in the familiar sense that they are showing us objects from the past. 95 per cent of all museums that exist today were founded after 1945. Never before, German philosopher Hermann Lübbe wrote somewhat polemically, had so much of the past been made part of the present. According to Lübbe, we are experiencing the "progressive musealisation of our public culture" – for him, the redeve-

---

13 Daniel Tyradellis, Müde Museen, oder: Wie Ausstellungen unser Denken verändern könnten (Hamburg: Körber Stiftung 2014), 60, 153, 161.

lopment of old towns, the protection of historical monuments and of nature reserves are part of this same development.[14]

Lübbe's thoughts were published in 1983, 40 years ago, and since then numerous new museums have been opened and expanded. The figures for the German-speaking world are particularly impressive. Tyradellis wrote in 2014 that, for every 12,500 Germans, there was one museum, and that they were visited by 125 million people every year – more than the attendance of the national football league – which was an upward trend, with more than 10,000 special exhibitions per year. Alongside Austria and Switzerland, Germany has the highest density of museums in the world.[15]

Forty years after the writings of Hermann Lübbe, we know that musealisation does not limit itself to old towns and biotopes. It's an omnivore. In Switzerland, Germany and Austria there are children's museums and museums for queer S&M culture, museums for botany and for Paul Klee, local history museums and overseas museums, museums for media art and for tattoo culture, there are torture museums (private) and police museums (public), and I am patiently awaiting the first museum about the history of squatting. There is an array of museums dedicated to material everyday things like the corkscrew, coffee and chocolate, and just as many museums dedicated to highly abstract concepts, from literature as a whole to labour and constructivist art. Some of them are dedicated to everyday culture from 5,300 years ago (in Bolzano, where it's all about the mummy of the Pharaoh of South Tyrol); others to the history of video games. But what they all have in common is that they are open to the public, that is, they are targeted at visitors without any special prior knowledge or specialist training. And unlike in other – sometimes closely related – institutions such as galleries, antiquarian bookshops, souvenir shops and jewellers, you can't buy what museums put on display.

Museums are sacred in a secularised way, according to cultural scientist Andreas Gehrlach: "They are permeated by a system of rules that has no validity outside of them." All visitors are quiet, conscientious and eager to learn, at least in theory. Nothing may be removed.[16]

---

14 Hermann Lübbe, Der Fortschritt und das Museum, in: Dilthey-Jahrbuch für Philosophie und Geschichte der Geisteswissenschaften 1 (1983), 39–56; for more on this, see Anke te Heesen, Theorien des Museums zur Einführung (Hamburg: Junius 2012), 171.
15 Tyradellis, Müde Museen, 15, 28–29, 32.
16 Andreas Gehrlach, Das verschachtelte Ich. Individualräume des Eigentums (Berlin: matthes & seitz 2020), 125.

4 Department Stores

What does that look like in practice? Let us change scenes again. A conference on history and museums, Switzerland, 2018: The thin-lipped, stressed-out man in the tight suit came from the cantonal culture department. He used to be the head of the cantonal museums. Now he was talking about how every museum needed a vision. *Visio* is religious terminology: it means either the vision of the beyond (inferno or paradise) or, as *visio dei* in the 14th and 15th centuries, a highly controversial principle discussed intensively among Dominican and Franciscan theologians, the possibility of seeing God – that is, immediate enlightenment. But is this really what the man in the suit was trying to say?

Sometimes, you see more from high up, so let me take you on another on-site visit: there are two museums at Kronplatz in South Tyrol at an altitude of 2,275 metres. The *Messner Mountain Museum*, designed by Zaha Hadid, was opened in 2015. Messner announced at the time that he wanted to create "a place of silence, of deceleration", "a space of retreat and experience to counterbalance the sports craze". (He runs five other museums.) At the end of 2018, *Lumen*, the museum for mountain photography, was opened next door: 1,500 square metres of exhibition space on three floors, illustrating the photographic conquest of the mountains since the 19th century, sports images in the "Adrenalin Room", sponsored by the beverage producer *Red Bull*.

In addition to the breath-taking view, you will find virtual reality headsets and some critical remarks about winter tourism – but not too many, which is hardly surprising in light of the fact that thirty elevators are leading to the summit of Kronplatz. Further, the museum is operated by *Kronplatz Seilbahn AG*, which keeps cable cars and snow cannons running in the huge ski area in Pustertal – so much for the "place of silence". The museum's construction was sponsored by the province of South Tyrol with three million euros. Nevertheless, admission is 17 euros per person; in addition, those who choose not to hike up there pay the same sum to take the cable car. According to the director, the museum expects 50,000 visitors per year.[17] Museums like to proclaim immaterial values because they want to be places of attraction – conveyor bands, delivering visitors.

Another change of scene: The *Institut du Monde Arabe*, opened in 1987, houses a museum dedicated to the Arab world on three floors and several thousand square metres. When I visited it in July 2021, the corridors were silent as I walked in between large showcases presenting archaeological findings, ancient statuettes,

---

17 Bauwelt Heft 39 (2015), https://www.bauwelt.de/themen/bauten/Messner-Mountain-Museum-Zaha-Hadid-2436538.html, last accessed on 23 March 2023; Georg Mair, Kleines "Licht" am Skiberg, in: ff. Südtiroler Wochenmagazin, 10 January 2019.

medieval manuscripts with marvellous calligraphy, ornate weapons and ancient fabrics, in between contemporary art by Arab artists. Not a single exhibit in the museum and not one of the many explanatory texts in French and English mentioned the Shiite Prophet Ali or the history of Islamic communities other than the Sunni. Furthermore, I failed to spot any reference to the Ottoman Empire which had conquered the holy cities of Mecca and Medina in 1527 and ruled them for almost four centuries. The interventions of the European colonial powers in the Arab world in the 19th and 20th centuries also went unmentioned, as did fossil fuel. I left the museum somewhat confused. On the ground floor, an exhibition on Arab divas in film and pop music in the 20th century was being featured. It was packed with enthusiastic visitors.

Today, it appears to be self-evident that we consider museums to be sacred territories which are beyond prices, beyond supply and demand – beyond venality. Hence, it is easy to forget that this used to be quite different – for instance, during the museum boom in the 19th century. In his history of museums, art historian Pascal Griener describes how the exhibitions of antique Etruscan discoveries in London and Paris in the 1830s and 1840s were connected with specialist trade stalls located within museums where visitors could buy their own antique statuettes and vases.[18] Antiques traders and museums worked together as closely as possible in the 19th century. During the great military colonial expeditions from Egypt via Mexico and China to West Africa, experts from museums and their art trading colleagues accompanied the troops. They were embedded, so to speak, to secure interesting objects on site and send them to London, Paris or Rome, to the museums and depots of art dealers.[19]

From the very beginning, therefore, museums have been temples and mass media at the same time. Historically, they are the somewhat conceited twins of department stores. Only steps away from the Louvre, the *Grands Magazins du Louvre* opened in 1855, is one of the most successful department stores in Paris. Museums

---

18 Pascal Griener, Pour une histoire du regard. L'expérience du musée au xixiéme siècle (Paris: Hazan 2017).

19 For a detailed discussion, see Donald Reid, Whose Pharaohs? Archaeology, Museums, and Egyptian National Identity from Napoleon to World War I (Berkeley: California University Press 2002); Michael Greenhalgh, The Plundered Empire. Acquiring Antiquities from Ottoman Lands (Leiden: Brill 2019); Till Spurny, Die Plünderung von Kulturgütern in Peking 1901/02 (Berlin: WVB 2008); Dan Hicks, The Brutish Museums: The Benin Bronzes, Colonial Violence, and Cultural Restitution (London: Pluto 2020), and the contributions in Charlotte Trümpler (ed.), Das grosse Spiel. Archäologie und Politik zur Zeit des Kolonialismus 1860–1940 (Köln: DuMont 2008), Stefan Koldehoff (ed.), Kunst-Transfers (München: Deutscher Kunstverlag 2009), Merten Lagatz, Bénédicte Savoy und Philippa Sissis (eds.), Beute. Ein Bildatlas zu Kunstraub und Kulturerbe (Berlin: matthes & seitz 2021), Isabelle Dolecalek, Bénédicte Savoy und Robert Skwirblies (eds.), Beute. Eine Anthologie zu Kunstraub und Kulturerbe (Berlin: matthes & seitz 2021).

are just as closely related to industrial shows and world exhibitions. They are the origin of the terms "exhibition" and "exposition" which acquired their current meaning in the mid-19th century: artificial topographies of the condensed very best and most desirable.[20] They were regarded as a "powerful lever for the ever higher development of technical perfection", according to a contemporary. Karl Marx agreed. The bourgeoisie, he wrote, was building "its pantheon in modern Rome" in the 1851 World's Fair in London's Glass Palace[21] – the worship of our highest values, but in a competitive manner.

"Babel" by Kenah Cusanit from 2018 is one of the few ironic historical novels I know. The story is set on the brink of the First World War. Cusanit's melancholic hero, the archaeologist Koldewey, ends up meeting the German Kaiser Wilhelm II himself, who delivers a monologue on the topic of museums:
Cusanit's Kaiser says:

"Koldewey must have already noticed that the old Pergamon Museum, in which only the Pergamon Altar had fit, was being removed. Unfortunately, the museum had become too small too quickly for the growing number of ancient finds: opened in 1901, demolished in 1909. It is also a great pity about the new dome."
"And now imagine Berlin as the preserver of Babylonian culture, the cradle of civilisation, and him – the Kaiser – in a row with Nebuchadnezzar! Just as he had preserved the history of his ancestors in Babylon, the ancient Babylonian, the Sumerian, millennia-old knowledge, discovered by German scholars and brought back to life!"

The next sentence in the novel reads:

"'Let's hope for the best', said Koldewey."[22]

This imaginary vignette from the early 20th century is not wholly fictional. At the beginning of the 21st century, it seems strangely familiar. Since the 19th century, museums have only been allowed to grow, never to shrink.[23] After all, they have to follow in the footsteps of their predecessors, their neighbours, their competitors,

---

20 Tony Bennett, The Birth of the Museum: History, Theory, Politics (London/New York: Routledge 1995); Te Heesen, Theorien des Museums, 14, 73, 22.

21 Te Heesen, Theorien des Museums, 78.

22 Kenah Cusanit, Babel (Munich: Carl Hanser 2019), 240 f. This is not particularly fictional – on the ideological charge of German excavation campaigns in Mesopotamia at the beginning of the 20th century, see Suzanne L. Marchand, German Orientalism in the Age of Empire. Religion, Race and Scholarship (Cambridge: Cambridge University Press 2009). Cusanit has read it thoroughly. The most recent publication is Jürgen Gottschlich and Dilek Zaptcioglu-Gottschlich, Die Schatzjäger des Kaisers. Deutsche Archäologen auf Beutezug im Orient (Berlin: Ch. Links 2021).

23 Olivia Zorn and Christina Hanus (eds.), Die Museumsinsel. Geschichte und Geschichten (Berlin: Staatl. Museen zu Berlin 2021) and Zaptcioglu-Gottschlich, Schatzjäger, 274 ff.

the models from other ambitious capitals with which they are supposed to catch up and which they are expected to surpass.

He was not opening a museum, Adolf Hitler announced in his speech at the inauguration of the Munich *Kunsthaus* – the "House of German Art" – in 1937. Rather, it was the "construction of a temple" for "true and eternal German art".[24] Current location: Munich, Baarer Straße. My feet hurt. After visiting Hitler's *Kunsthaus* (monumentally neoclassical, opened in 1937), I walked over to the *Museumsquartier* on Königsplatz, past the *Museum for Classical Plaster Casts* (monumentally neo-Renaissance, opened in 1932) to the *Glyptotheque* (monumentally neoclassical, opened in 1830), from exhibition to exhibition, to the *Old Pinacotheca* (monumentally neo-Renaissance, opened in 1836). Between the enormous neoclassical stone boxes there were large empty spaces with lawns to make the magnitude of it appear even more magnificent.

"They were just a bit late and ambitious," my companion said. "Their museums had to be even bigger than those of the neighbouring residences to show off their sophistication." Hence, they had needed even taller columns than the competition, even longer staircases leading up to buildings that looked like even more ancient antiquity and even more monumentally Renaissance. "Stone wardrobes," my companion said, "for historical costumes from invented pasts." After the Old Pinacotheca, we came to the New Pinacotheca (monumentally Neo-Renaissance, opened in 1854): the Bavarian king wanted to exhibit his private collection of contemporary art.

On the other side of the park: the *Pinacotheca of Modernity* (opened in 2002). It might not be neoclassical, but it is indeed monumental. "Fusion," said my companion. "The fusion of an airport and a cultural reactor. The fusion of a corporate headquarters without employees and a rocket launching pad from a science fiction film. An intimidation facility. I like it. I like feeling small." White concrete, a huge lobby with uniformed attendants. At the entrance, there was a big marble plate: engraved gold letters, a long list of sponsors from local industry and high finance. "Is this the ironic art of modernity already?" my companion asked. "Siemens, Rheinmetall, Allianz – what a fantastic scam! It tells you right away that this place is all about pleasure, education and subversive aesthetic experience."

Donated works of art are super-replicators: they substantiate the exceptional moral position of the institutions that keep them. 400 years ago, Francis Bacon said everything there is to say about these pious donations. However, to be safe, he projected the story to antiquity: a man is shown the images donated by those who had been saved from drowning thanks to a vow they had made to the gods.

---

24 Quoted from Te Heesen, Theorien, 135.

The man asks: "And where are the images from those who drowned in spite of their vows?"

5 Noble Benefactors

In 2017, when the Bern *Museum of Communication* launched a major advertising campaign, one of the posters that were being displayed all over Switzerland said: "Museum for Self-Praise". The clever girls and guys from the advertising agency were being sarcastic, of course. As a matter of fact, however, that's exactly what museums were created for: they are self-aggrandising institutions presenting retrospective origin stories. They might come in the form of temples in which booty from successful wars is displayed (or from revolutions, or both, as in the case of the Louvre), as trophies from history. Or, considering the new *FIFA Museum* in Zurich or the *Museum of the International Olympic Committee* in Lausanne, as self-representations of institutions with great financial success. They tell their own stories at great expense because they would rather not have other people tell their story: the museum as a finalising act, as a marketing armour.

Is it because of these sacred origins of their institutions that so many museum makers have certain similarities with high priests or high priestesses, guardians of the inconceivably precious?[25] Very often, what ends up in a museum was considered rubbish before, the ethnologist Michael Thompson explained in his "Rubbish Theory" in 1978. But once it has arrived in a museum, it has entered the economic beyond – that is, the world beyond price tags: consecrated, potentially infinitely precious, ideally the object of both public interest and intense private experience. Otherwise, there is no reason for it to be in a museum. Therefore, museums – whether in Munich, Zurich or Berlin – show one thing above all: the prosperity of the industrial society that is sponsoring them. In the name of the aesthetic needs of a rather vaguely defined general public and in the name of the noble benefactors who are creating these temples of beauty for us to admire, the objects that are exhibited are a blatant testament to their value.

After all, museums are not all the same – in terms of their target group. Art museums are shopping malls for people with a lot of money; for those who want more than 10 per cent net return, tax-free. Statistically, these wealthy people tend to be over seventy years old, they are the wealthiest and most conservative eighth of the population in Germany, Austria and Switzerland. If you take a walk in the

---

25 More on this – with very mischievous observations – in Tyradellis, Müde Museen, 100 f., 113 f., 120 f.

friendly old town alleys between the Basel *Art Museum*, its extension building and the nearby *Museum of Contemporary Art* in St. Alban-Vorstadt, you may notice the many discreet signs of trust offices on the well-kept old houses or of companies like one called *Wealthcare* – caring about wealth. Next door, there are private galleries. You will find that the areas around Zurich's *Museum of Art* and Munich's *Pinacoteca of Modernity* look very similar.

In museums of contemporary art, the fast-paced, economically liberal 19th century will never come to an end. It is evident that the art trade, curation and museum management are highly interconnected. Temples of significance and preciousness are essential to a field like contemporary art, in which 97 per cent of all artworks are rendered worthless within thirty years if they don't make it to the auction market in time: the treasure house produces its own treasure.[26] Museums play a crucial role in this field which has multiplied its annual global sales in the last thirty years and in which large institutional investors promise double-digit annual asset growth to their clients. If you're interested, you can learn more in Julia Voss' book "Behind the White Cube", published in 2015: a book that I have never seen displayed in a Swiss museum shop.

The most potent publicity effect of contemporary art, Walter Grasskamp commented dryly in 2010, is its dramatic price increase to ever higher heights of many millions of francs, euros, or dollars. Practically all spectacular new museum buildings of recent years are art museums. Grasskamp calls them "cult buildings of the market value of art".[27] They are as much a part of the rapid growth of the financial sector as the large art fairs, which – hence *Art Basel* – are not coincidentally located near the bonded warehouses. The more the profits from asset management increased, the better the art market was doing, a study concluded in 2007.[28] The fact that, in Switzerland, art museums have experienced such a spectacular boom in the last 30 years makes perfect sense, given that a quarter to a third of the planet's private wealth is managed there. It's no coincidence that the contemporary art market is closely linked to offshore financial practices and money laundering. And the same is true of the enormous increases in the value of an artist precisely because a major work of theirs is purchased by a public museum.

---

26 According to an estimate by Ernst-Wilhelm Händler, Die Kunst, die Kritik und das Geld, in: Merkur 796 (2015), 13 f.

27 Walter Grasskamp, Ein Urlaubstag im Kunstbetrieb. Bilder und Nachbilder (Hamburg: philo fine arts 2010), 62. For more on this, see Grasskamp, Das Kunstmuseum. Eine erfolgreiche Fehlkonstruktion (Munich: C. H. Beck 2016).

28 William Goetzmann, Luc Renneborg and Christophe Spaenjers, Art and money: http://www.nber.org/papers/w15502.pdf, last accessed on 23 March 2023; Wolfgang Kemp, Der Oligarch (Springe: Zu Klampen 2016).

An economic historian might soberly conclude that, in order for the market to be a real market, in order to justify annual profit rates in the double-digit range as well as – what I would cautiously call *special* – offshore business models: in order for all this to work, there must be constant and highly intense talk of timeless beauty, eternal aesthetic values and making the world a better place for future generations – in short, there must be talk of the sacred. Just like FIFA used to do, until May 2015 when the guys from the public prosecutor's office drove up and arrested seven officials at one of Zurich's luxury hotels.

To mark the opening of the World Cup in Qatar in December 2022, a new exhibit was opened at the *FIFA Museum*. For the duration of one afternoon, visitors could marvel at the original envelope containing the Emir's bribe money, along with a handwritten dedication in Arabic and an explanatory text in four languages. It was smuggled into the museum by activists and placed in the empty *FIFA World Cup Qatar 2022* display case. The sign explained that it was a historic piece and that, to ensure transparency, FIFA would only accept bank transfers for such transactions from now on.[29]

When journalists Stefan Koldehoff and Tobias Timm published an overview of the previous ten years' most spectacular cases of economic crime and corruption in 2020, there was frequent mention of Swiss institutions and museums. The book title is a bit gaudy: "Art and Crime". Again, the book was nowhere to be found in any museum shop I visited in Zurich, Munich or Basel.[30]

In December 2021, however, one book became available in both shops of the *Zurich Art Museum* – in the old building as well as in the new building –, it had just been published: "The Contaminated Museum", written by the historian Erich Keller who was commissioned by the city and the university of Zurich to research the history of the German-Swiss arms manufacturer Bührle's art collection. The publication was to coincide with the collection's presentation in the *Zurich Art Museum*'s new building. In the book, Keller explains that his research unearthed so much additional information that it was no longer compatible with his official scope statement: uncertain provenance of paintings, interventions on the part of the foundation, trouble with superiors, premature termination of contracts by mutual agreement and many excited press releases – these things happen.[31]

---

29 The Swiss "Tages-Anzeiger" and "Blick" reported on the action on 1 December 2022; more at https://www.youtube.com/watch?v=HzS0g3hpL1k and https://www.izzyprojects.ch/geldumschlag-com, both accessed 6 January 2023.

30 Stefan Koldehoff and Tobias Timm, Kunst und Verbrechen (Cologne: Galiani Berlin 2020), especially 239–256 and 271–294.

31 Erich Keller, Das kontaminierte Museum. Das Kunsthaus Zürich und die Kunstsammlung Bührle (Zurich: rotpunkt 2021); see the series of articles by Daniel Binswanger in https://www.republik.ch/2021/10/09/serie-buehrle-connection-teil-1-der-kunsthaus-deal; https://www.republik.

Bührle's art collection made international headlines in autumn 2021. A former right-wing German Freikorps fighter, Bührle made a fortune from his arms factory in Zurich-Oerlikon supplying weapons to the Wehrmacht as well as the Allies and neutral Switzerland. He invested part of the profit in conveniently cheap works of art from the forced sales of Jewish expellees. "A monument of isolation" is what a professor for architectural history called the new museum building when it opened in autumn of 2021. The first pictures of the design had been promising, the professor said, yet the final result turned out to be "intimidating rather than inviting – exclusive rather than unifying. A beige monolith." He goes on to say that, whereas the architects had intended the square in front of the museum to be free of traffic and the park behind it to become an urban green belt, today you will find an abundance of cars in front of the museum and the park closed off behind heavy bars. Moreover, the interior of the neoclassical building resembles the lobby of a high street bank. Monumental staircases "belong to the bourgeois museum following the tradition of ancient temples." In its perfect classicism, the museum "embodies the desire to stop time."[32]

However, when I visited in 2021, it was a Wednesday in late December, the "monument of isolation" was very well-attended. There were families with children, loudly and cheerily admiring the wide staircases and large open spaces with beautiful parquet floors. The media fuss had produced additional curiosity; I happened to come across three old friends during my visit. Outside, the rain was pouring down as we were taking in the Renoirs and the looted art, the information about political entanglements, the Gothic carved altars (which Bührle coveted) and the Monets. I would have liked to have seen the lecture hall but it was closed off on this Wednesday with free admission: after all, a temple is a temple precisely because its inner sanctum cannot be accessed by just anyone. The staircase was covered with golden anodised metal strips. They appeared to be glimmering. "Golden migraine," my girlfriend said. Or was it a gesture of self-deprecation on the architects' part, a reference to the symbolic golden cage? "No," she said. "This is a cathedral, like in Loreto or in science fiction films – any minute, it will take off and fly away. It's a flying vault."

She was right, I guess. Museums are temples of aesthetic segregation in which everyone must be given the chance to feel immensely elegant and cultivated. Conceit is mixed into the very foundation of any museum, precisely because museums are financed by public funds. The beauty they display has a moral undercoat. Mu-

---

ch/2021/10/09/recherche-serie-buehrle-connection; https://www.republik.ch/2021/11/06/serie-buehrle-connection-teil-3-zuerich-forscht, all accessed on 23 March 2023

32 Philipp Ursprung, Geschlossene Gesellschaft, in: Republik 1. Oktober 2021, https://www.republik.ch/2021/10/01/geschlossene-gesellschaft, last accessed on 23 March 2023.

seums make an effort to distinguish themselves from any acquisitive impulse and make visitors believe that their possessions belong to everyone – in theory, at least. The public treasure house is a religiously charged refuge, a promise of a world beyond earthly chains of exploitation. Upon entering, every visitor is faced with a large marble plaque on the wall carrying the names of private donors, a long list in gold Roman typeface.

Among them, there was the name of Bührle's foundation. Was that the reason why Erich Keller's "The Contaminated Museum" was so prominently displayed in the museum shop? Next to it were the two thick volumes of "Loot", in which Bénédicte Savoy and her co-editors compiled source texts, analyses and many, many images of violent acts of appropriation of other people's property – a type of violence which, for many centuries, has been a key theme of collecting and exhibiting precious art treasures.[33] The visitors were leafing through their copies attentively.

6 Evil Museums

In the first quarter of the 21st century, the continuing museum boom has brought forth a new subtype of the venerable institution which has become impossible to overlook. Not even the austere Hermann Lübbe anticipated its ascent in public attention forty years ago. It is the evil museum. The model case for this is provided by the Berlin Humboldt Forum, the reconstruction of the Berlin City Palace's façade as a new history museum complex – literally. In the aforementioned week in late December 2021, the Berlin urban researcher Noa Ha announced in an interview that there was no such thing as an "innocent Enlightenment". The rebuilding of classicist architecture, she said, was not only a mistake in terms of urban planning but also a political one. A global postcolonial perspective had to be developed, she argued. That is why the Humboldt Forum – the newly opened museum on the symbolic site in Berlin's city centre, clad in the fabric of the City Palace's reconstruction – should simply be torn down again. She was determined to uphold her optimism.[34]

"I guess, there are just different kinds of self-praise," my sarcastic companion at the art museum had said on the way out as we were getting our coats. "Perhaps, that is why there are so many different concepts of museums, depending on the national style. German self-praise comes in the form of exhortation and moral

---

33 Lagatz, Savoy und Sissis (eds.), Prey; Dolecalek, Savoy and Skwirblies (eds.), Prey.
34 Interview with Noa Ha in the *Berliner Zeitung*, 31 December 2021: https://www.berliner-zeitung.de/wochenende/noa-ha-ich-bleibe-optimistisch-man-sollte-das-humboldt-forum-abtragen-li.201816, last accessed on 23 March 2023.

preaching. The Austrian style is self-praise disguised as satirical exaggeration. And the Swiss style: self-praise as self-praise."

Like the monumental stelae of Hammurabi and Ashoka as well as the temples and treasure houses of classical antiquity, museums want to have a particularly conspicuous kind of eternity. They promise that not one object will ever disappear again, and this promise is built into its embellished exterior. Therefore, the columns and neoclassical décor of the great museum buildings of the 19th century were simply kept in place in the 20th century. In the 21st century, they have reappeared in new museums like Munich's *Pinacotheca of Modernity* built in 2002 and Zurich's new *Kunsthaus* by Chipperfield built in 2021, together with the huge staircases and thick stone slabs which, in a way, can never be a thick enough shell for an institution inside which time is supposed to stand still. The gold promises noncorrosiveness. The solid shell promises safety. You might also call it a bunker.

In the case of museums of modern and contemporary art, this results in a paradox, however: in the name of beauty and eternity, they now function as public shop windows revealing tax evasion and money laundering. This applies to Swiss museums as well as to Vienna's *Albertina* which, today, not only displays the familiar old drawings and engravings but also the ample art collection of a certain Liechtenstein lawyer, investment advisor and trustee who is considered to be the family foundation's inventor. This kind of legal construction is remarkably adept at allowing the very wealthy to avoid taxation. Herbert Batliner's foundations were also used to conceal illegal party donations. In 2007, a lawsuit concerning the facilitation of tax evasion of 250 million euros was dropped in exchange for a payment of two million euros.[35] In the same year of 2007, Batliner's collection was transferred into the Albertina's possession and it has since formed the core of its permanent exhibition.

Like many of the museums mentioned above, from those in Vevey and South Tyrol to those in Munich and Zurich, the *Albertina* is an instructive test case for the common and grandiose claim that every museum is "a unique place where things can be experienced like nowhere else" and a "place of resistance", one of "the few places of social freedom."[36] Let me propose a more realistic description of what museums are: they are aesthetic cocoons from which everything deemed inappropriate has been carefully excluded. They are perfected human pumps: shopping centres that sell the highest possible number of visitors to their sponsors. In the case of the Albertina, this is epitomised by the conspicuous escalators protruding into public space, transporting visitors to the entrance on the first floor.

---

35 Hans Leydendecker, Der Fall Batliner, in: Süddeutsche Zeitung, 20 January 2009.
36 Tyradellis, Tired Museums, 14.

Those museums that have become the twins of department stores and world's fairs in the mid-19th century have themselves acquired doubles at the beginning of the 21st century: the awe-inspiring institutions that the writer Joan Didion called "the pyramids in the age of the 'economic miracle'", called shopping centres. As is the case for museums, their origins are entangled with the history of world's fairs and amusement parks and, like museums, they condense set pieces and decorative elements from different places and times to create an artificial topography. The goal is to provide visual stimuli, as efficiently as possible, using as little space as possible: a small collection of the best of everything, to be taken in within a few steps of each other.[37]

Sadly, the supposedly easy and good old days of high modernism are over – those pleasant times when the talented architects were designing museums while the less talented ones were designing shopping centres. Brace yourselves: we have now arrived in this special place called 'hindsight', the time zone in which you are always smarter than you were without there being any benefit to it, the time zone in which you are amazed by the slow demise of shopping centres. The essayist Andrew O'Hagan said that, as more and more shops are becoming vacant, shopping centres are beginning to turn into wastelands of consumer society – into "churches of boredom".[38]

A year after my last visit in December of 2022, I wandered through the museum shop of the Zurich *Kunsthaus* again. The books on the history of the Bührle Collection were still there, but the thick black anthologies on looted art and "Loot" had disappeared. Instead, woollen blankets (by designers), soap (by artists), socks with the slogan "Shine Bright" and decorations for Christmas trees were for sale. In the midst of all this, there was a large card in punk aesthetic, spray-painted lettering and crudely gridded typography, saying: "All for the arts!" I'm told that they want me to become a member of the supporting association – which happens to include ten per cent discount in the museum shop.

So, what is the lesson to be learnt from all this? First and foremost, the objects which museums are displaying are not irreplaceable works of art and invaluable artefacts but their own institutional credibility. They want to appeal to their visitors and, – in contrast to the 1980s or 1990s – in the second decade of the 21st century, this means that museums have to put their own history of violence on display – for instance, their provenance research about acquisitions from forced sales and looting.

---

37 Alexandra Lange, Meet Me By the Fountain: An Inside History of the Mall (London: Bloomsbury 2022).

38 Andrew O'Hagan, Short Cuts, in: London Review of Books, 15 December 2022, 11.

That is what equips them with legitimacy. And it is the only way in which museums may continue to fulfil their function as sacred spaces, cocoons and shopping centres, and the only way in which they may continue to pretend, fairly convincingly, that they are beyond commercial reasoning. What they have in common with ancient temples and medieval churches is that they grant visibility to their benefactors – in the form of images, private chapels and engraved marble slabs with their names in golden Roman typeface.

7 In the Ice Grotto

Our final change of scene: it is September 2022; we are attending a meeting at the Goethe National Museum in Weimar. The oldest donor plaque, dating to its founding day in 1885, is being presented alongside the newer ones, all marble and gold letters in Roman typeface, of course. In 1935, there was another founder's plaque as well as a bust of the *Reich's* chancellor at the entrance. It is no longer on display, however. "Are Hitler's plaques still there?" a museum expert in the audience in front of me murmured to his colleague. You could be asking the same question in Vienna, Munich and Berlin. But, so far, no one has.

The inappropriate donor plaques from the past are not on display. And the marble plaques of today no longer say *Führer*, of course. Instead, it is the names of state representatives and sponsors. Yet, they are still as prominent and unavoidable and you will find them in the entrance hall of any museum, whether it's Vienna, Zurich, Munich, New York or Colombo. The institution needs to declare that whoever donates to the museum will be a sponsor of the immaterial good, just as, a thousand years ago, feudal lords sponsored monasteries. That is why this protected space, within which the world will always remain in order, is such a tempting showcase of public self-expression. At the end of his book, exhibition organiser Daniel Tyradellis quotes his colleague Harald Szeemann: "The museum is a place where processes become frozen (...) The museum is a threat: just you wait – I'll show you; I'm founding a museum."[39]

Museums are freezers and, at the same time, they are trophy collections with voracious appetite. That is why they like to present themselves as moral and critical institutions. One last time: we are at the *Goethehaus* in Weimar. Depending on the object, the respective Goethe content varies greatly. Whereas the desk (a desk again!) is in the same place and condition in which the poet prince Goethe left it,

---

39 Harald Szeemann, Zeitlos auf Zeit. Das Museum der Obsessionen (Regensburg: Lindinger & Schmid 1994), 374.

other rooms are complete or partial reconstructions of reconstructions, intertwining multiple layers of time. After Goethe's death, his descendants lived in the house but also partially sublet it. It was only in 1885 that it was turned into a museum. In 1913, a heating system was installed and, in 1945, a bomb hit leaving a quarter of the building in ruins. In the immediate post-war years, it was reconstructed in such a deceptively similar way that, from the mid-1950s onwards, it was again considered "fully preserved" and turned into an authentic, touchable reliquary, first in the GDR, then in the FRG.

Museums are reliquary shrines; their display cases are containers of sacred remains. And these containers contain further containers, vessels containing further vessels, because they are filled with more little viewing cocoons. These time capsules of stone and concrete are meant to be a testament to their own function as shelters as much as to their accessibility and transparency. Presumably, museums would prefer to be transparent bunkers. Hence, they are not only vaults but also panic rooms. They promise to protect the public from losses that occurred long ago.

That's a lot of functions for museums to fulfil. It is not surprising that, in the last two centuries, museums have continually been turned upside down and that they have multiplied: there is a constant need for new, updated versions of eternity. Museums are magic counter-spells to disappearance and loss, which is why, realistically, there needs to be a new museum every 20 years – but of course it has to look like its predecessors: with long staircases and lots of columns at the entrance. Indeed, museums could just as well be designed as temporary installations, composed of prefabricated parts, wood and painted plaster which looks like granite and marble: like the sales pavilions at the industrial world exhibitions of the 19th century – their twins, their secret (or not so secret) role models.

Time capsules really do exist. Yet, they are hermetically sealed and their contents are invisible. Moreover, they have to remain in inaccessible places – either in the deepest underground or on the highest church spires – as has been the case all over Europe for 400 years. And with this, we come to the paradoxes of showcasing objects from the past. Displaying things that are old and precious means changing them irreversibly. There is a phrase curators like to repeat over and over again during guided tours: "We are giving a voice to these objects."[40]

But their voices mustn't be too loud. Involuntarily, every museum exhibits not only objects but also the objects' decelerated decay – their disappearance, albeit in super slow motion. Visiting the past is a voyeuristic venture. Visitors' curious gazes are altering the fragile objects and, in the long run, they are destroying them – this is true for cave paintings from the Palaeolithic, late Gothic paintings, wood

---

40 See the sarcastic remarks in Tyradellis, Müde Museen, 164 and 166.

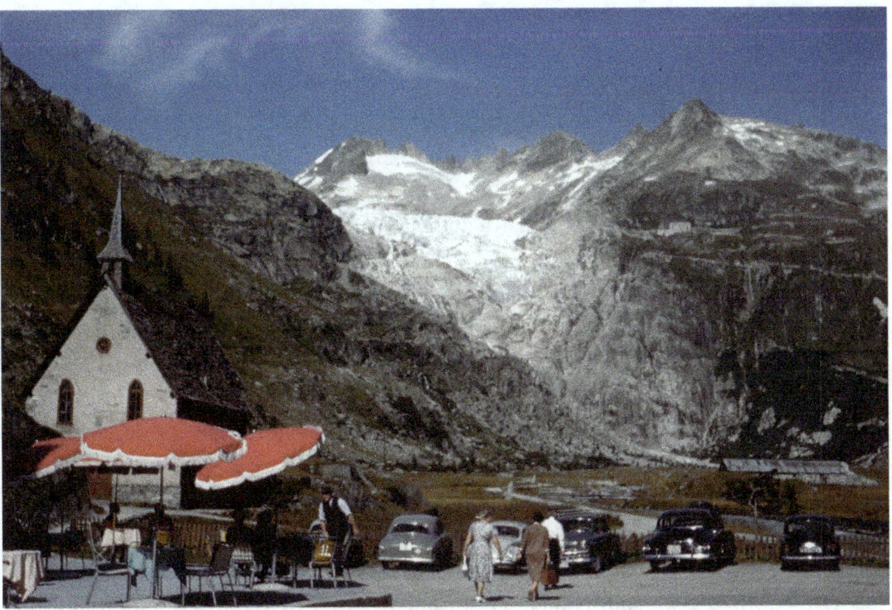

Fig. 2: Gletsch, anglican church and Rhone glacier, circa 1960. CC BY 2.0 by foundin_a_attic via flickr. com.

carvings and tapestries as well as for the *Goethehaus* in Weimar which is being irrevocably demolished by the ever-growing number of visitors.

Living in Switzerland, I would like to call this paradox of presenting historical remains the "Principle of the Rhone Glacier" – a huge and shiny piece of ice high up in the mountains, the compressed snow of many millennia. People wanted to see it, so first they built a road, then they put two big hotels up there – after all, everyone needs a certain degree of comfort. Then, they drilled an ice grotto into it, so that now you can really walk into frozen time, into this huge slow-motion waterfall. The Rhone Glacier has been one of Europe's oldest tourist attractions for more than 150 years. But thanks to this achievement, it is melting faster and faster.

Yet, we would be wrong to assume that this process is only happening to glaciers. It is also happening to man-made landscapes and cities. When something is declared a "UNESCO World Heritage Site" and is thus placed under the organisation's protection, it begins to attract enormous numbers of visitors and, consequently, it begins to change – it is changing very quickly, indeed. At the same time, it becomes very real: first and foremost, authenticity is determined by the queue of visitors leading up to the respective object or site. (The cocoon – the time capsu-

le – cannot be open to anyone at any time, after all.) Secondly, authenticity is evoked by the fact that you are not allowed to touch.

Sadly, the common desire to go and touch the real thing from the past has only increased due to digitisation and the rapid dissemination of an infinite number of photos via social media – as was the case with the rise of photography 150 years ago. Museums are tourism magnets and we now know that the Covid-induced two-year break from travelling has not led to a general change of view regarding over-tourism and global travel – on the contrary.

So, there is more disappearance happening, not less, even if inexhaustible memory and entertainment institutions with big advertising budgets continue to promise the opposite. Nevertheless, the glaciers are inexorably melting and the past is becoming more and more passed. That's just the way it is. Any medical doctor will tell you that amputated – that is, vanished and gone – body parts may still hurt their owner. Gone means gone, but it still hurts, and institutions like museums that offer visits to the past promise to relieve that pain. Museums are therefore not only temples, reliquaries and bunkers, but also sanatoriums, clinics for the treatment of phantom pain.

Public memory institutions like museums have an educational mission; public history as a science has a research mandate – and there is a difference between the two. To refer back to the distinction made in the beginning, public history analyses history's past: that is, when and how something was first documented, under which circumstances and for whom. You could also call it "reverse engineering". This may sound fancy, but in practice it creates what could be called a "reverse Midas effect": as soon as historians get their hands on something, it stops glimmering like gold. Instead, it turns to ashes and dusty paper. We are the disillusionment science.

And the authentic? It is the past's nature, that it cannot be reconstructed, reproduced and retold indefinitely. As a historian, I would suggest replacing the word 'authenticity' with 'verifiability', anyway – and whenever that doesn't make sense, you may as well leave it and simply say: Welcome to the magic show.

This brings us back to the beginning, back to the question posed in Christopher Nolan's film about wizards, "The Prestige". What is the trick and what is the distraction?